阅读成就思想……

Read to Achieve

心理学普识 系列

极简心理学史

[英] 安妮·鲁尼（Anne Rooney）◎著　　谢丽丽　徐慧芳　谢毓焕◎译

The Story of Psychology

中国人民大学出版社
· 北京 ·

THE STORY OF PSYCHOLOGY 前言

对人类的研究

研究人类最合适的对象是人。

亚历山大・波普（Alexander Pope），《人类随笔》
（*Essay on Man*，1732 年—1734 年）

人们研究心理学就意味着研究灵魂，现代心理学家更倾向于称其为“心智”。但无论哪种情况，心理学都是模糊的、难以形容的东西，它赋予了身体生命，它代表着思想、感觉、创造力、怀疑、内心挣扎和无数其他活动。现代研究对心理学的定义是“对行为与心理过程的研究”。心理学中包含行为非常重要，无论我们在“心智是否属于行为”这一问题上做出怎样的决定，行为都是一种不可否认的存在。

人性的科学

18世纪，苏格兰哲学家大卫·休谟（David Hume，1711年—1776年）决心设计一门“人性的科学”，这门科学可以像天文学家伽利略（1564年—1642年）和物理学家牛顿（1643年—1727年）设计的物理科学那样有逻辑性并可被证实。虽然这门科学和物理实验的方法并不完全相同，但他还是决定将这门学科称为实验性科学。它是通过改变一种条件或另一种条件来观察结果的。这种实验方法将建立在对体验的观察以及体验和行为之间如何相互联系的基础上。此后他的梦想又经历了几百年的时间才得以实现。1879年，德国医生和哲学家威廉·冯特（Wilhelm Wundt，1832年—1920年）在德国莱比锡大学建立了第一个心理学实验室，这标志着具有现代概念的心理学研究的正式开始。冯特也是第一个将自己描述为一名“心理学家”的人。

如果我们因为1879年之前的心理学家们没有自我标榜，就认为当时没有心理学，那这种假设是错误的。虽然，人们早在古希腊或者更早时候就开始对思维的本质及其运作情况有着浓厚的学术兴趣。此外，中国古代的著作中也对个体的心理特征进行了描述。也许，我们可以这么说，最早的心理学一词是希腊哲学家亚里士多德（公元前384年—公元前322年）提出来的，他将其命名为“De Anima”（灵魂）。心理学作为哲学的分支已经有2000多年的历史。

《极简心理学史》将从追溯心理学的哲学起源开始，并描述如今的心理学与许多其他学科的融合。

心理学的研究主题

人们说心理学研究的是心理和心理过程，这只是说了故事的一半，大脑和神经系统的运作显然也是人们精神活动的一部分。不只如此，心理学还包括行为和知觉、反射动作和生理需要，以及精神和身体的相互作用，还涉及人类的进化和心理适应如何帮助生存和繁衍。心理学这门学科研究了以下这些问题：是什么让我们成为一个人？人类的共同点是什么？它还涉及对动物的研究（比较心理学），人们可以在实验室里、在外面的世界里或者在一个人的大脑里研究心理活动。在某些方面，心理学涉及人类的全部生活，它是一门关于人类的状态以及人类是什么的学科。

欢迎来到大脑

埃德温·史密斯（Edwin Smith）的手稿中最早出现“大脑”一词，这是人们已知的最早的医学文本，它写于公元前 1500 年的埃及，但也可能是一份更加古老的文字手抄本。这本手稿描述了 48 例人类大脑创伤以及应该如何治疗。这些创伤大多数似乎都是人们跌倒或战斗受伤的结果，有 27 例与颅脑有关的损伤都涉及大脑、脑膜（大脑周围膜）和脑脊液。大脑复杂的表面被描述为“像熔铜中形成的波纹”。尽管该文的内容并不涉及心理学本身，但其中的观点认识到了人的大脑和脊髓损伤对身体其他部位的影响。

心理学是科学吗

休谟准备建立一门新的“科学”，但很难说心理学就被认为是一门“真正的”科学。例如，人们对该学科的构成以及它该如何发展还没有一个普遍的共识；此外，心理学的某些方面比其他方面更适合让人们进行科学研究。

传统科学模型是从经验观察开始（我们曾注意到的这个世界的某些事情），并通过归纳推理来解释它，提出规则（构建理论），使我们能够做出预测。这个实验验证了预测结果。如果预测结果被证明是正确的，理论就会被加强，并且会变得更加强大；如果预测结果不正确，就必须修改或抛弃这个理论。任何时候，一个新的观察都可能推翻原有理论。

然而，这种传统观点已经受到了挑战。奥地利裔英国哲学家卡尔·波普尔（Karl Popper，1902 年—1994 年）认为科学探究并不是从观察开始，而应

从我们想解决一个问题开始，这个出发点将会引导经验观察。最重要的是，他声称，一个理论必须能证伪，它应该能被证明是错误的。为此，任何科学理论必须能够预先陈述哪些结果或者观察将被证明是错误的。假设有种理论认为所有的天鹅都是白色的（正如人们曾经相信的那样），而当我们发现一只不同颜色的天鹅时，这个观点将被证伪。

人们对传统模型的另一个挑战来自美国物理学家和哲学家托马斯·库恩（Thomas Kuhn，1922 年—1996 年）。他认为科学是由“范式”驱动的。范式指的是人们普遍或广泛接受的总体框架，研究则是在范式的范围内进行的。有时，某些范式会被人发现不够适当。然后，革命性的变化发生了——出现了一种“范式转换”。例如，许多世纪以来，天文学都是在地心模型的基础上发展的，该范式将地球作为宇宙的中心。最后，这种范式越来越难以与经验观察相适应。哥白尼革命性地发展了新模型，将太阳置于太阳系中心，这代表了一种范式转换。

心理学能适应这些科学模型吗？在某种程度上，它可以。但当我们处理他人的行为或想法（甚至是我们自己）时，总会出现一个具有客观性和可证明性的问题。人们可以撒谎，或者以一种故意歪曲实验结果的方式行事；实验者常常不得不依靠主观判断；结果很少能被准确再现；某些类型的实验或观察是不道德的，人们因此无法进行研究。不管是什么，心理学并不是一门纯粹的、完全客观的科学，比如，它与化学不同。

很多事可做

心理学是一门新兴学科。尽管在所有科学中仍有大量的发现，但心理学比大多数学科更敏锐地意识到自己还有很长的路要走。我们对精神世界如何工作及其本质有很多不了解的地方，心理学家们还在使用新的研究方法进行更多的研究和探索。在过去的几十年中，人们将心理学与其他许多学科结合起来，这给予它更多进步的潜力，但仍然很难对“什么是心理学”这个问题进行准确的描述。

在本书的第 1 章中，我们将了解几个世纪以来哲学家和心理学家如何看待心灵（或灵魂）；在第 2 章和第 3 章中，我们将关注如何收集心理学的相关思想和理论的证据；在第 4 章和第 5 章中，我们着眼于如何建构知识和如何学习的历史观点；在第 6 章和第 7 章中，我们对“我们怎样作为一个个体”“我们怎样成为一个群体”“心理学家是如何思考的”这样的问题做出了描述；在最后一章中，我们则重点关注变态心理学的历史以及如何治疗这些精神疾病。

心理学流派

从 1879 年到 20 世纪末，心理学的历史被一系列的心理流派所主导，以下是大致按照心理学流派出现的顺序排列的。

唯意志论。它是实验心理学的第一种形式，由威廉·冯特于 1879 年在德国创立。

结构主义。它是由英国心理学家爱德华·铁钦纳（Edward Titchener，1867 年—1927 年）领导的一种结构主义的方法，发展了冯特的观点，试图将心理过程分为最小的、不可分割的元素来进行研究。

功能主义。在美国，威廉·詹姆斯（William James，1842 年—1910 年）开始研究大脑“如何”工作？大脑“为什么”这样工作？

精神分析。它率先由奥地利神经学家西格蒙德·弗洛伊德（Sigmund Freud，1856 年—1939 年）于 19 世纪 90 年代在维也纳提出，是精神分析治疗中第一种心理动力学的治疗方法，试图将神经症与压抑的经验相联系，并通过“谈话疗法”减轻症状。

格式塔心理学。它是一种反对打破心理过程的方法，出生于捷克的心理学家马克斯·韦特海默（Max Wertheimer，1880 年—1943 年）试图“整体”地看待心理事件（在整体的背景下）。

行为主义。它开始于约翰·布鲁达斯·华生（John Broadus Watson，1878 年—1958 年）在 1913 年所做的工作，行为主义只注重行为，而不关心其背后的心理过程。

人本主义心理学。它反对对人类的意识和心理采用消极和局部的研究方法，由美国心理学家亚伯拉罕·马斯洛（Abraham Maslow，1908 年—1970 年）提出，旨在激发和改善人类的状况。

认知心理学。它可追溯到 20 世纪 50 年代，主要关注以下心理过程，如学习、理解和加工信息，从乔治·A. 米勒（George A. Miller，1920 年—2012 年）和恩里克·奈瑟尔（Ulric Neisser，1928 年—2012 年）的工作开始。

社会心理学。它是一种探讨个人在与他人有关的情况下以及在社会情境下如何行动的方法，是由斯坦利·米尔格拉姆（Stanley Milgram，1933 年—1984 年）和菲利普·津巴多（Philip Zimbardo，生于 1933 年）在 20 世纪六七十年代率先提出的。

在 20 世纪末，心理学分裂成许多领域，并与神经生理学、进化生物学、计算、语言学和人类学等其他学科相结合。

THE STORY OF PSYCHOLOGY 目录

THE STORY OF PSYCHOLOGY

第1章

机器里的幽灵

心智是什么？它在哪里

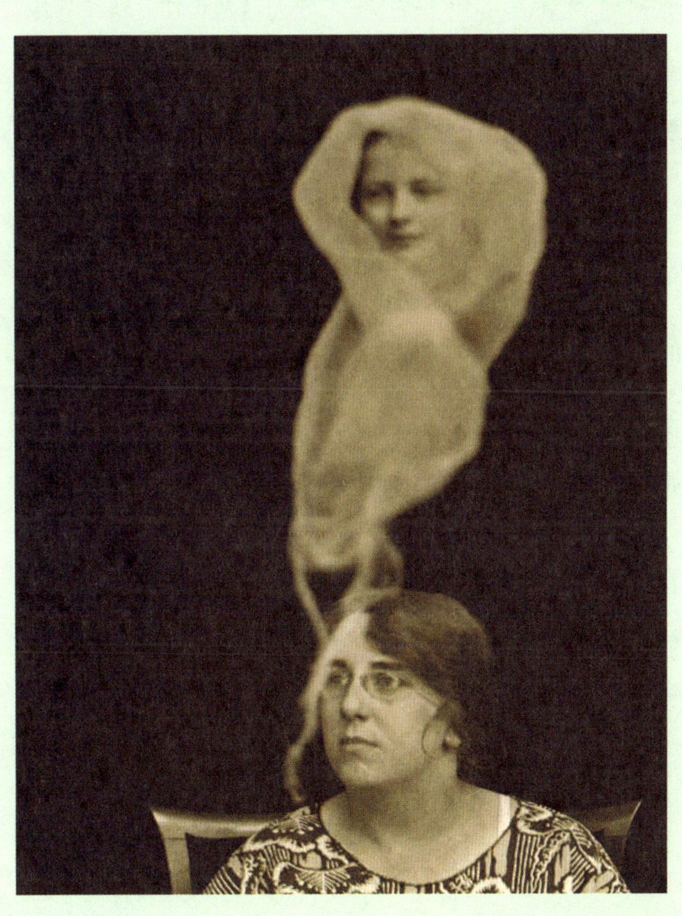

> 想什么和做什么是一回事。
> 巴门尼德（大约生于公元前 515 / 公元前 540 年—公元前 450 年）

几千年来，人们一直在思考这些问题：我们每个人都在什么地方，什么是“我”？我只有身体吗？如果是这样，活人和尸体的区别是什么？什么让一个人如此与众不同？我们对这些问题的一个共同反应是：思想，或者说是灵魂，使我们成为了现在的我们。另一方面，很多人都说我们只有自己的身体，并没有什么特别的东西，也没有其他的东西，只用基本的生物化学过程来区分生与死或者个体。这是一个古老的文化问题，也是心理学的中心问题。

精神和物质

我们使用语言的方式表明，“我”的思想或其他关于“我”的轨迹与自己的身体并不一样，诸如“我感觉自己……”和“我不能……”之类的短语暗示了思想和身体之间的分裂。这是一种二元论，即假设人涉及两种物质：一种是组成肉体和骨骼甚至大脑的物质；另一种是其他东西，如某种鼓舞人心的精神、能量、意识、灵魂或其他类似的东西。

如果思想和身体是分开的，那么它们是如何联系的，又是如何相互作用的呢？这一基本问题贯穿在心理学、精神病学和心理治疗中，甚至贯穿在医学的某些方面。

否认幽灵

短语“机器里的幽灵”最初是由英国哲学家吉尔伯特·莱尔（Gilbert Ryle，1900 年—1976 年）提出的。他使用这个短语来蔑视一种观点：思想或者灵魂（即幽灵）位于一个机械的躯体内（即机器）。同时，他拒绝勒内·笛卡尔（René Descartes，1596 年—1650 年）的二元论观点，即思想和身体是不同类型的“东西”。莱尔认为，区分精神和身体是一种“范畴错误”，这是一种最基本的错误，之后所有的争论都建立在这个框架之内，因此会导致进一步的错误。

一些哲学家持有一元论的观点：所有的事都可以依据单一的现实或物质来进行解释。有两种非常常见的“一元论”观点：一种是唯物主义，认为身体中只有物理因素和化学因素，一切精神事件的发生实际上都是由于物理因素产生的，并不存在一个空想的东西可以用来区分一个有想法的人和无生命的石头、牙刷或者电脑。一些激进的行为主义心理学家，如美国的伯勒斯·弗雷德里克（Burrhus Frederick）和 B.F. 斯金纳（B.F.Skinner，1904 年—1990 年）都认为心灵是不存在的，我们只有我们的身体，我们可以做的所有研究都只能基于行为来进行描述。

另一种一元论的观点认为：一切都基于精神事件，身体根本无足轻重（甚至可能不存在）。这是理想主义的立场。一位接受这个观点的心理学家会用意识和心理行为来解释一切。18 世纪的盎格鲁－爱尔兰哲学家乔治·贝克莱（George Berkeley，1685 年—1753 年）就是这类一元论者，他声称，外部世界不存在，除非它被人的意识知觉到。

心灵欺骗身体

安慰剂与反安慰剂效应在医学上被众所周知，它们清楚地表明，大脑对身体有很大的影响。安慰剂效应显然是由安慰剂产生的，它是一种不具有真正生理作用的治疗方法，如给病人服用糖药片，但病人却认为药片是有效的。反安慰剂效应则正好相反，它是由一些无害的事物产生的不良影响。2007 年，研究者报道了一个特别突出的反安慰剂效应的例子：一个年轻人在临床试验中服用了过量的药物，他认为这是一种抗抑郁药，并受到了严重的生理影响。直到有人告诉他，他其实是对照组成员，只是过量服用了一种无害的安慰剂。当时，他的症状迅速消失了。反安慰剂效应也是人们生病甚至死亡背后的原因。当人们知道自己是被诅咒的对象时，就能用反安慰剂效应来解释澳大利亚土著“点骨”刑罚产生的效果。

在古希腊哲学家苏格拉底（Socrates，约公元前 470 年—公元前 399 年）之前，灵魂被视为区分活人与尸体的关键因素。灵魂的唯一价值在于它是生命的精神，它不会对行为、思想、感情、智力或任何其他的精神特征负责。最初，只有人类被认为有灵魂。灵魂在人类死后不会去任何地方或不具有任何超自然的内涵，仅仅代表着一种状态，一个活着的人是有“灵魂”的，而一个死去的人是没有灵魂的。慢慢地，“灵魂”的意义发生了变化，它可以应用于任何生物。在公元前 5 世纪，它与某些美德（如勇气）联系在一起，或者与某些精神层面的行为（主要是一些高级动机，如对学习的热爱）联系在一起。苏格拉底认为，身体只对欲望、恐惧、信仰和乐趣产生反应（这种观点在他的学生柏拉图的书中提到过）。灵魂的作用就是对身体进行检查，检查其基本的本能。在这个意义上，灵魂和推理能力是一样的。

那是什么？当它存在于身体里时，这个身体就具有生命了吗？那就是灵魂。

柏拉图《斐多篇》（“灵魂”）

三位一体

柏拉图（Plato，约公元前 425 年—公元前 348 年）提出了灵魂的三个部分：欲望是灵魂关心、满足物质欲望的部分；身体渴望食物、水、性、感觉；激情的灵魂与情感部分有关，包括爱、恨、勇气、怯懦、恐惧、愤怒等；而灵魂的理性部分寻求知识，它花了大量的时间试图阻止其他两部分的灵魂，并在某些情况下会成功。在《斐多篇》（*Phaedo*）里，柏拉图以御者的寓言来解释灵魂三部分的关系。灵魂的理性部分是御者，它试图驾驭战车（激情和欲望）。战车由一白一黑两匹马拉着，黑马是灵魂的欲望部分，而白马是灵魂的激情部分。黑马拉着战车试图冲向美食和妓院，而白马拉着战车试图开始做出英勇和仁慈的行为（如从军）。灵魂的理性部分试图通过协商来控制这两者。

心脏和灵魂

对我们来说，大脑很明显是我们身体中进行思考、感觉、做梦、信任以及其他心理活动的那个部分。但是直到最近，人们还没有发现大脑具有的这些功能，所以前人并没有将思维定位在大脑中。古埃及人认为情感、理性和思想的中心场所是心脏。事实上，尽管他们小心翼翼地将其他器官保存在科普特瓶中与木乃伊合葬，但在制作木乃伊时还是会把大脑丢弃。古希腊哲学家柏拉图认为大脑是思想的场所，但他的学生亚里士多德（Aristotle，公元前 384 年—公元前 322 年）否定了这一点，而将心脏置于精神活动的中心。

亚里士多德提出了三个不同的灵魂。他相信，从植物到人类，每个有生命的东西都有一个适合其功能的灵魂，并具有适合机体的能力和职责。这些能

力可能包括生长（在植物身上）、运动（在动物身上）和抽象推理（在人类身上）。在这点上，亚里士多德的观点接近现代关于大脑和精神的功能的概念。大脑确实调节了自主和非自主的功能（如呼吸和运动），同时也是非体力活动的场所（如沉思、欲望、推理和思考）。亚里士多德和柏拉图不同，他不相信灵魂能够拯救肉体或者独立于身体而存在。在这一点上，亚里士多德的灵魂更接近现代人的思想，而并不像一种半神秘的精神状态。

犹豫不决

在基于古希腊哲学家伊壁鸠鲁（Epicurus，公元前341年—公元前270年）的享乐主义学说中，灵魂被分为两部分：一个理性，一个非理性。理性的部分被称为意图（思想），它能够产生情绪和冲动、运用观念、形成信仰、评估证据、解释感官知觉等。非理性部分负责接收感官印象（视觉、声音、嗅觉等），它行事准确。当灵魂的理性部分在解释这些时，任何错误都会产生。非理性部分也传递源于理性的冲动，并执行非理性的任务。我们并不认为自己的思想负责观察或保持自己的呼吸，这些都是大脑执行的无关紧要的、操作性任务，动物也能做到这些，而我们不会因此而假设动物（如刺猬和虾，虽然我们关于刺猬和大虾的观点可能都是错误的）也有灵魂或有意识的思考过程。

斯多葛学派是古雅典哲学学派的成员，其提出了一个类似于现代的观念，认为精神有三种类型，或者将精神称作受启发的精神［“精神”（pneuma）的字面意思是“呼吸”］。即使在岩石中也有“精神”这种最基本的存在，它把固体物质聚集在一起。如今，科学家们把这种功能描述为一种物理法则，它是原子和分子做出的行为。精神在植物的一生中也起到重要的作用（生长、呼吸等）。灵魂赋予动物和人类精神和心理，它在任何动物身上赋予的东西都各不相同。在人类中，灵魂包括理智、信念、智力和欲望以及感官知觉等基本的心理过程。

斯多葛学派认为，精神不只是活生生的灵魂、呼吸或生与死之间的差异，而是心理过程的集合，它提供了意识、理解、思想、意识和与世界有意义的互动。

灵魂掠夺者

随着神教的兴起，灵魂被劫持为上帝服务。现在，灵魂变成了寄居在身体里的碎片，人们将其描述为神性的反映，或是将其挣扎着向神性靠近。

新柏拉图主义者，如亚历山大的犹太哲学家斐洛·尤迪厄斯（Philo Judeaus，公元前 20/ 公元前 25 年—公元 50 年）和罗马思想家普罗提诺（Plotinus，公元 204 年—公元 270 年）都采用了柏拉图思想中更加神秘的部分，将其改造得更适应宗教。斐洛把柏拉图关于人的感觉和理性的划分与希伯来的宗教教义融合在一起，将此作为自己的出发点，构建了一个犹太模式，即肉体注入了一个灵魂，这就是神的一个碎片。但与柏拉图不同，他不相信内省和理性会带来知识。他认为知识只能来自上帝、来自神的启示，人们的灵魂需要做好准备，以便获得知识的礼物，他认为有必要思考并保持与欲望的距离，才能避免身体的冲动。他还认为，启示也会在梦中和静坐中出现，因为这些活动保持了灵魂与肉体世界的距离。普罗提诺看到的灵魂反映的精神本身就是“那一位”的形象。这就给出了我们一个分为三部分的层次结构，顶部是对精神的不完美的成像，而灵魂又不完美地照出了精神像。他教导说，灵魂与一些低劣的东西结合在一起进入了身体中。

柏拉图和新柏拉图关于灵魂的模型都认为，灵魂试图掌控躯体冲动，这一观点立刻为基督教神学所采用。人们只需对此观点做些修改，就成了下面的样子：高尚的灵魂追求虔诚的信仰；肉体则试图将其拖入任性的嬉戏，而只为获得快乐。这种调整是由早期的基督教哲学家荷马（Hippo）和奥古斯丁（Augustine，公元 345 年—公元 430 年）完成的。800 年后，意大利牧师托马斯·阿奎纳（Thomas Aquinas，1225 年—1274 年）对亚里士多德的理论进行了同样的调整。但从总体上看，欧洲心理思想发展成果最少的时期就是罗马帝国的衰落时期。那时，人们认为灵魂 / 思想受上帝的奴役，因此对其做出的任何解释都带有神学的意味。

斯多葛学派

斯多葛学派是一个哲学学派，它开始于希腊哲学家基提翁的芝诺（Zeno of Citium，公元前 334 年—公元前 262 年），诞生于公元前 3 世纪的雅典。斯多葛学派认为，毁灭性的情绪（如仇恨和嫉妒）是由于错误的判断所致，而只有聪明的人才能获得真正的幸福。后来，斯多葛学派还包括罗马哲学家塞内卡•扬格（Seneca the Younger，公元前 4 年—公元 65 年）和希腊哲人爱比克泰德（Epictetus，约公元 55 年—公元 135 年）等人。

跟随先知的脚步

在穆罕默德（Mohamet）于公元 632 年去世后，伊斯兰教迅速传播到阿拉伯和波斯。中东思想家们阅读古希腊人（特别是亚里士多德）的书籍，并对其进行翻译和评论。正是由于阿拉伯和拜占庭文化的传入，亚里士多德的作品才得以在中世纪的欧洲重现。在大约 400 年的时间里，中东文化在各个科学领域都取得了长足的进步。直到 12 世纪，伊斯兰教变得更加理智保守，这种进步才停滞了，这是个令人好奇的转变。

伊本·辛纳（Ibn Sina，公元 980 年—1037 年）是历史上最重要的一位伊斯兰学者，他在西方被称为阿维森纳，其理论深深植根于亚里士多德的理论中。

在心理学中，伊本·辛纳的“浮人”思想实验非常有名。假设，你突然从虚空中被创造出来，自身悬浮在半空中，没有任何来自环境或身体的感官输入。人们有可能设想这种存在，并在这种状态下具备思考能力和意识，而不需要怀疑一个人的存在。他声称，思想是一种真实的存在，它可以与躯体分离：

> 因此，人们可以确定自我、灵魂的存在，这是（他 / 她的）一种身份特征，而不属于身体或四肢。（因此）人们对其存在的肯定（灵魂、自我）是不同于身体的东西，它不属于身体的任何东西。

为了达到这一目的，伊本·辛纳要求灵魂与躯体具有足够的联结（人不只是广泛灵魂的一个碎片），也要求灵魂与身体有足够的分离，这样人就可以在躯体死亡后幸存下来。他追随希腊医生和哲学家盖伦（Galen，公元 130 年—公元 200 年）的观点认为，灵魂的不同部分分布在身体不同的部位：

> 一般来说，有四种精神：第一种是残酷的精神，它居住在内心，是一切精神的根源；第二种，正如医生所说的存在于大脑中，它是一种感官精神；第三种，医生称其为自然的精神，它居住在肝脏；第四种是生育（或生殖）精神，它居住在性腺。这四种精神处在绝对纯净的灵魂和绝对不纯净的灵魂之间。
>
> 伊本·辛纳，《医学典范》（1025 年）

两种精神

上帝创造人来统治世界，在他走向最后的宗教审判之前，为他指定了两个灵魂，它们就是真理和任性。

真理起源于光明之源泉，任性起源于黑暗之源泉。人们所有正义的行为都是在光王子的主持之下，在光明之路上行走。那些任性的行为则是在

黑暗使者的支配下，人们即使做出正义的行为也倾向于犯错，他们所有的罪恶和罪孽、所有的犯罪和违法行为都是受黑暗使者的支配。

正因如此，所有的人生来就有原罪，而所有这一切都是从他们的上一代那里继承而来。人们需要修行，因为每个人都继承了两种灵魂划分中的一部分，所以在任何时候，人类所有的行为都可以被划分为这两类。

善恶的内部戏剧

直到 12 世纪，伊本・辛纳的理论才在欧洲的大部分地区消失。即使他的理论再次重临欧洲，对普通人的影响也不大。在日常生活中，无论是良好的表现还是跟随身体的自然基本需要，每个人的思想灵魂和本能冲动之间的斗争都是具有宗教性的。一方面，灵魂会努力向上帝靠近；另一方面，身体都更喜欢有自我放纵的时间。思想让我们去做对的事情，而身体让我们去做本能需要的事情，早在 1500 年前，亚里士多德就已经阐述过两者之间的斗争；但是现在，它们被披上了宗教的外衣。

精神重获自由

随着 14 世纪文艺复兴运动的兴起，各种思想和观念百花齐放，欧洲人终于再次踏上了智慧之路。虽然人们还不能自由地思考自己喜欢的事物（有些异教徒被烧死），但只要不使用教会认为过于挑衅的方式，他们无疑能更自由地探索和表达。

伊本·辛纳（阿维森纳）

伊本·辛纳是一名神童，他早在 10 岁时就记住了整本古兰经，在 20 岁时就成为了一名医生。他具备许多学科的专业知识，他写了近 450 本书，其中有约 240 本留存下来。他的作品中有 40 部是关于医学的，其中包括精神健康和心灵的本质方面的书籍。直到 1650 年，他所著的 14 卷《医学典范》（*Canon of Medicine*）还在一些欧洲大学里使用，这本书相当于一所现代大学在黑死病爆发时撰写的教科书。

随着科学又一次进步，启蒙运动的内容变得更加客观了。人们发现的物理定律说明了火箭或炮弹甚至行星的运动路径（现在，行星围绕太阳而不是地球运转）。现在，人们普遍认为可以通过观察和推理发现所有自然想象背后的数学和科学定律。世界的观念（实际上是宇宙）是可以被解释的、是具有革命性的。如果行星的运动或炮弹的路径可以被调查和解释，为什么不用来解释我们自身呢？

一元还是二元

法国数学家和哲学家勒内·笛卡尔受到机械科学的方法和启蒙运动的极大影响，自己发展出了笛卡尔几何，这是一种演示三维空间中物体之间数学关系的方法。1628 年，英国医生威廉·哈维（William Harvey，1578 年—1657 年）解释了血液通过身体的运动，这意味着甚至连身体也是一种机器。笛卡尔抓住了这一点。但是灵魂或心灵又是什么呢？

笛卡尔的结论是，身体是一个物质客体，由机械定律控制；而精神则是非物质的。他尽可能多地给身体分配精神活动。因此，他用感觉器官和神经来解释所有的感知、记忆、想象和常识活动，剩下的就是人类所特有的自我意识和语言，这些都属于精神的功能。

这是一个人，而且是同一个人，他能意识到自己的理解和感觉。但人没有身体就没有感觉，所以身体必须是人的一部分。”

托马斯·阿奎纳，《神学大全》

（*Summa Theologiae*，1265 年—1274 年）

我思故我在

笛卡尔试图把自己的哲学思考建立在某些可以相信的确定性事物的基础上。他发现，自己唯一能肯定的一件事就是自己的存在，这引出了他的名言“我思故我在”（“我想，故我在”）。他的这个观点基于自己看到或经历的一切可能并不比一个梦境更真实的认识。但事实上，他怀疑这些事物的真实性，并思考这个问题，证明了自己的存在。这使我们想到了大约 600 年前伊本·辛纳的“浮人思想实验”。

正如后来的评论家所指出的，笛卡尔并没有真正证明自己的存在，而是证明了思考正在进行，但并不是因为他正在思考，或者他的存在是因为他正在思考。但他的工作对于我们的目标来说已经完成得非常好了，因为他的论点确

立了肉体和精神 / 心智的区别。

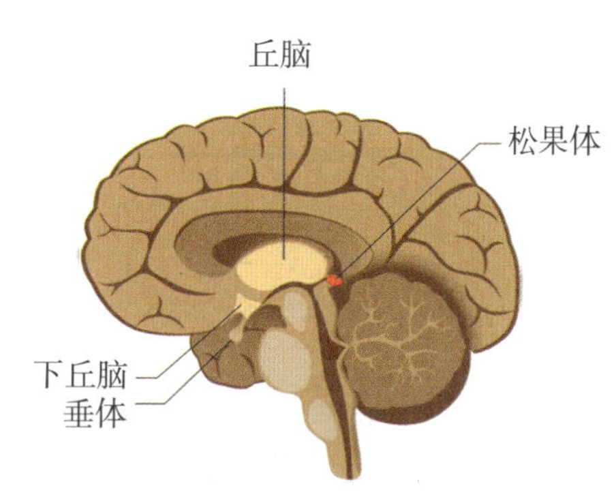

认为思维可以在没有任何感官输入的情况下发生，这表明了心灵（或灵魂）与身体之间某种程度的分离。英国哲学家吉尔伯特 • 莱尔将笛卡尔建立的身体 / 灵魂的二元论模型称为“机器中的幽灵”。然而，精神必须存在某处，笛卡尔认为它存在于大脑深处的松果体中。如果它是无关紧要的，为什么到处都有它？它对物质的躯体是怎样产生影响的？它是怎么受到物质躯体的影响的？笛卡尔清楚地知道，精神在两方面都有影响：身体的伤害（或身体状况良好）会对心智有影响，心智中的情绪通过身体表现出来。这种身体表现可能发生在非常极端的情况下，精神痛苦的身体表现看起来就像患有某些身体疾病，如胃或头的颤抖、恶心和疼痛。笛卡尔考虑的身体和精神之间的双向影响是与众不同的，但他不能对非物质的精神和物质如何互动这一问题做出充分的回答。事实上，这是一个悬而未决的问题。

在处理心智 / 灵魂与身体互动这一问题时，戈特弗里德 • 莱布尼茨（Gottfried Leibniz，1646 年—1716 年）的观点认为两者都是不被需要的。它们都遵循相互独立的确定路径，但这些路径是并行运行的。上帝把两者放在同一条路上，就像两个时钟一起开始运转并完美地显示时间一样，它们总是同步的。因此，精神状态和行为总是与身体感觉和行为一致。

人们对全球的探索是由一些发现带来的，而这些发现颠覆了许多古代哲学家所信赖的观念，导致一些新的观念不可避免地兴起了。”

托马索・康帕内拉（Tommaso Campanella，1568 年—1639 年），意大利修士和哲学家

启蒙运动

启蒙运动是一场始于 17 世纪欧洲（尤其是在英国和法国）的文化运动。它提倡理性思维和经验科学，谴责迷信思想，试图挑战传统观念。如果这些观念经不起严格的审查，就拒绝接受它们。启蒙运动中的关键人物包括科学家弗朗西斯・培根（Francis Bacon，1561 年—1626 年）和艾萨克・牛顿（Isaac Newton，1643 年—1727 年），以及哲学家勒内・笛卡尔、巴鲁赫・斯宾诺莎（Baruch Spinoza，1632 年—1677 年）和大卫・休谟。我们不久将会再次叙述后面三位。这场运动与科技革命紧密相联，标志着现代时期的开始。

思想的机制

虽然笛卡尔认为人体就像机械，但他却认为灵魂和思想是不同的物质。英国哲学家托马斯・霍布斯（Thomas Hobbes，1588 年—1679 年）和法国神父和数学家皮埃尔・伽森狄（Pierre Gassendi，1592 年—1655 年）在采用机械主义理论模型时都对其做了进一步的发展。

伽森狄认为，笛卡尔的观点是身体遵循物理原则而思想却不是，这一观点是没有道理的。事实上，他认为根本没有必要区分思想和大脑，并采用物理（或

物质）一元论的立场来看待二者——只有一种物质，就是它在起作用。他怀疑笛卡尔也这么认为，只不过不敢这么说，因为教会会对这样的观点进行压制。

霍布斯也是一个彻底的唯物主义者。他认为，宇宙中除了物质之外就再也没有别的生命了，这些物质是按照自然的机械规律运行的，他将形而上学的所有理论都看作废话。霍布斯认为，人类的行为和动物一样完全由自然规律所决定，这些规律必须适用于行为和思想，也适用于诸如行走和呼吸等明显的身体活动。他认为，思想是按照规则发展的，它是从感官经验中产生思想和知识。

物质一元论无需像两元论者一样面临一些问题。例如，笛卡尔提出的非物质的精神与物质的躯体是如何相互作用的。如果大脑和身体都是由物质构成的，那么它们之间就没有区别，因此也就没有彼此交流的问题。

是相同的物质

荷兰犹太哲学家巴鲁赫·斯宾诺莎也否认有任何特殊的精神物质构成了思想。斯宾诺莎否认了很多事情，包括上帝是一种特殊的存在。为此，斯宾诺莎被犹太信仰排斥，被基督徒唾骂。正如我们所预期的那样，斯宾诺莎即使对上帝也不会破例，他并不认为人的心灵与肉体是分开的，而认为身体和心灵只是单一物质的不同方面。他的观点被称为“中立一元论”，这种理论认为整个宇宙是由相同的物质组成的，但却表现出许多不同的模式或变式。因此，整个大自然就相当于上帝，它是意识的组成部分（这是一种泛神论和泛心论的观点）。这是一种解决身心是如何沟通的简洁办法，虽然身体和心灵看起来不同，但它们其实是同一个硬币的两面。

单子

德国哲学家戈特弗里德·莱布尼茨对这个世界有独到的见解。他认为，宇宙是由无限量的微小的点或生命单位组成的，他称其为“单子”。这些物质存在于所有物质中，其中也包括惰性物质。在某种程度上，每个单子都是有生命和有意识的。当我们从微生物到人类（甚至上帝）提升了这些生命物

质的层次时，也就提升了这些单子的质量。人类中包含了某些高品质的人类灵魂单子，但也包含中阶和低阶的单子，所以我们的思维并不总是清晰准确。惰性物质和微生物中含有非常低阶的单子，所以它们不能过多地思考。即使人类身上的高阶单子也只能以潜能的形式产生想法，而这些想法还要通过经验或感知去实现。

另一个一元论观点

显然，如果身心二元论认为身心是两种类型的物质，物质一元论认为只有物质，中立一元论认为身心都是相同的物质，那么还有一种一元论观点认为只有精神或心智的“物质”。这一观点认为，思想或精神是一切，物质世界是不存在的。这一观点受到一些哲学家（如主教乔治·贝克莱）的支持。唯心论（或主观唯心主义）认为物质现实是由观察者创造出来的，没有观察者，一切就没有意义。

到了 18 世纪中期，所有关于身心的主要观点都已经建立起来：它们是两种物质（但彼此存在沟通问题）；它们是同一种物质；它们都是相同的、非物质的东西；它们是同一种球状物质的不同方面。

灵魂的位置

让笛卡尔认为灵魂存在于松果体中有两个原因。当时，松果体被认为是大脑中很少成对出现的部分之一（现在，我们已知松果体有两个半球）。人只有一个松果体，因此我们很清楚地认为我们只有一个灵魂。松果体位于脑室附近，含有脑脊液。笛卡尔认为脑脊液通过影响神经来控制身体，神经传递的感觉通过脑脊液进入松果体，这种感觉会使松果体振动，产生情绪。从松果体传出的信息会导致身体产生动作，松果体是灵魂支配身体的完美指挥所。有趣的是，在一些神秘传统中，松果体被认为是“第三只眼睛”，在灵性体验中起到非常重要的作用。

“如果……那么……”机械模型的结论

斯宾诺莎则采取了完全决定的观点。在他的模型中，一切都是按照宇宙不可改变的规律发生的，这包括了人类的思想和行为。决定论意味着没有自由意志这类东西，即使人类相信自己是自由行动的。实际上，“人意识到了自己的欲望，而并不知道决定（那些欲望）的原因”，所有的机械模型都倾向于决定论，因为如果身心遵循自然规律，那么所有发生的事情都会与一条不可分割的链条相联，这条链条是身心同时协调不可避免的结果。

然而，这种决定论有着严重的后果。如果所有的心理事件和活动都是被决定的，我们没有自由，那么我们怎么能让一个人对自己的行为负责呢？斯宾诺莎认识到了这一点，他认为使用“责备”和“赞扬”之类的词是完全不合适的，因为每个人都在做自己必须做的事情。我们唯一的自由就是看到自己被约束的自由，明白自己为什么要这样做。他认为道德观念（如善与恶）必须在心理学中有其根据。后来的许多心理学家（尤其是唯物主义或者行为主义者）认为我们没有真正的自由意志，但出于不同的原因，任何由我们过去的经验或与生俱来的冲动决定的行为模式移除（或最优化的妥协）了我们的自由意志和责任。

（宇宙）是有形的实体，也就是说，实体及其每个部分都是一样的。总的来说，宇宙的每一部分都是实体，如果不是实体，也就不是宇宙的

一部分；因为宇宙就是一切，如果某种事物不属于宇宙的一部分，那它就什么都不是，最终将无处安置。

托马斯·霍布斯（1651 年）

心智的机制就像电脑

责任和自由意志问题也困扰着法国数学家布莱士·帕斯卡（Blaise pascal，1623 年—1662 年）。他认为思维类似于计算机之类的机器［帕斯克（Pascal）发明了一种早期的机械计算器］，这种机器能进行复杂的运算，但最终只能归结为信息处理的逻辑和规律。这种观点得出的一个结果是人类的思维与动物的思维并没有什么不同，帕斯克并不满意这个结果。为了推翻这一结论，他寻求自由意志而不是理性，这是人性的显著特征。不幸的是，他对自由意志的描述与关于上帝恩典的功效观点并不一致，而最终得出了一个观点：不管上帝是否赋予人们不可抗拒的冲动去做正确的事情，他们都不会因此而被拯救或被诅咒，毕竟他们并不是很自由。

20 世纪 60 年代，随着计算机的兴起，思维作为一种计算机或信息处理机的观点开始流行起来。大脑可能在像计算机那样工作，或者人们有一台像大脑一样的计算机，这些成为认知科学的主要关注点。除了心理学之外，认知科学还结合了计算机科学［特别是人工智能（AI）］、语言学、心理学、神经学、人类学、哲学以及其他能够产生有用方法或见解的学科。它关注的是人类与动物的大脑和计算机的本质以及其中的工作和认知过程，包括信息如何在思维（感知）、加工（理解和储存）和转化（例如，回忆和创造性行为）中进行表达。

神经病学的出现

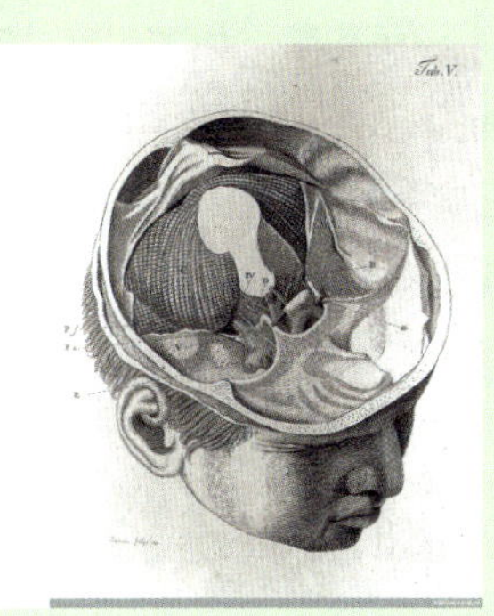

托马斯·威利斯（Thomas Willis，1621 年—1675 年）是一位英国解剖学家和英国皇家学会的创始成员。他对心智 / 身体问题的看法牢牢植根于自己具备的解剖学和神经学的知识之中，这使他得出了现在在精神病学和哲学中普遍接受的关于心智的结论。威利斯将现在所谓的“伴随”模型描述为：心智的每个心理组成部分必然伴随着（依赖于）一个相对应的神经结构。因此，每种精神状态或行为都是大脑神经元一次特定的激活或联接的结果，或是由某种特定的化学反应产生的。心智不是独立的实体，而是大脑神经系统工作的产物。这与当代美国哲学家约翰·瑟尔（John Searle，生于 1932 年）提出的观点非常类似，他认为，意识是神经元活动自然产生的结果。

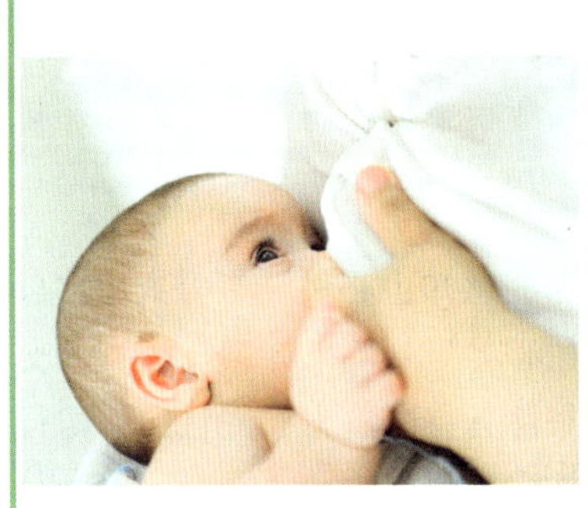

婴儿认为寻求乳房是自己的自由意志；愤怒的男孩认为希望复仇是自己的自由意志；胆小的人认为逃离是自己的自由意志；醉酒的人认为是大脑的自由命令自己说出一些事情，而当他清醒时，他会希望自己没有说过这些事情……所有的人都相信自己的发言是出于自由意志，而事实上，他们没有压制自己说话冲动的能力。

巴鲁赫·斯宾诺莎（1677 年）

一点也不特别

现代研究心智的哲学家在关于降低人类地位方面并没有什么内疚感。美国哲学家丹尼尔·第奈特（Daniel Dennett，生于 1942 年）认为，所有的精神活动完全是大脑的生理结果，甚至说，人的心智和一台非常复杂的计算机的“心智”之间并没有什么区别。他声称，如果我们能制造出一种像人类一样聪明的计算机，那么它实际上就像人类一样聪明。人类和机器的智能之间并没有什么区别，我们就像一台没有灵魂的机器。

失去你的心智

18 世纪，苏格兰哲学家大卫·休谟同意伯克利的观点：我们不能直接体验物质世界，而只能通过感官来体验它。但他并没有否认物质世界的存在，只是让我们必须相信它的存在，因为我们没有办法证实它的存在。休谟甚至说，我们“知道”的一切都是基于自己的感知，因此，我们只不过是一堆感知而已。世上没有所谓的心灵，所谓的心灵只是我们个人经验的总和，以及我们与其他人之间的联系：

> 我们可以观察到，所谓的‘心灵’只不过是一堆不同感知的集合，它们通过一定的关系结合在一起。我们假设这些感知被赋予完美的简洁特征和相应的身份，虽然这种假设是错误的。

我们习惯的心智不仅是一种感知，而且，那些感知也必然没有分离出“自我”这种东西。后来，人们认识到感知是身体和心灵与外部世界进行交流的交互界面。在接下来的几个世纪中，休谟的观点非常具有影响力，并且他就像行为主义者那样，也拒绝心智“能被赋予身份”这样的观点。

休谟说：“如果没有感知，我在任何时候都无法抓住我自己，当他一个人因为睡着而让自己失去感觉时，他也无法感知到自己，而且可以这么说，自己已经不存在了。在死亡时，当一个人失去了所有感知时，他应该是被彻底消灭了。”

三幽灵再来

大约在休谟试图去除心灵，只留下自己仅有的“感知束”理论一百年后，德国神经学家、精神分析的创始人西格蒙德·弗洛伊德带来了“三幽灵”理论。他的理论听起来非常像柏拉图描述的战车御者控制着两匹任性的马。

本我、自我和超我

弗洛伊德确定了心灵的三个部分：“本我”“自我”和“超我”。“本我”是最原始的需要驱动的部分，它的能量“力比多”提供了立即满足需求的驱动力。“自我”是现实世界的声音，它了解本我的驱力，并努力与现实世界协商这种驱力是否能得到满足，在现实世界的限制范围内尽可能地满足本我的需求。如果让本我独自行动，它会促使人随便从街上的某个行人那里抢一个三明治来充饥。自我意识到这样的行为很可能会给你带来麻烦，你可能会被打或者被逮捕，然后送你去买自己的三明治。“超我”则将道德加入了这个组合。所以，与其考虑结果而不去偷三明治，你不如学会因为这件事是错的而不去做。没有超我，人就像其他动物一样（假设动物没有道德观念）。这样，自我就需要协调本我的驱力、外部世界的现实和超我的价值主导三部分的要求。

本我和自我是先天存在的，而超我则以潜在的形式在婴儿身上存在。孩子会因为做出被社会赞同的行为而获得奖励，做出不被社会赞同的行为而被惩罚，超我为其建立起了一套内在的价值观念。成功的社会化是指只要个体想做或者已经做了被社会赞同的行为，就会感觉很好；如果他们考虑做或者已经做了被诟病的行为，就会感觉不好（内疚、羞愧、尴尬）。

在本我、自我和超我之间难免有张力，因为它们有不同的目标。人们对其自我使用的一种应对机制就是压抑。如果本我的欲望在被满足后会引起问题，或者考虑这一问题会导致焦虑，它可能就被排除在大脑意识之外而被压抑。弗洛伊德发现，被压抑的欲望或记忆是所有神经官能症的根源，因为心灵回避了那些人们不敢面对和承认的问题。

给灵魂称重

1907 年，美国医生邓肯·麦克唐盖尔（Duncan MacDougall，1866 年—1920 年）决定测量人类灵魂的重量。他设计了一张特殊的床，这张床同时也是一台秤，这样他就可以监测病人的体重。然后，他挑选了 6 名即将死去的绝症病人。他确定每个人都会在自己的称重床上度过他们的最后时光，并在他们死亡之前每隔一段时间就记录下他们的体重，在他们死去的那一瞬间也要进行这样的记录。根据他的数据，他计算出灵魂的重量为 21 克，这是 4 名病人死亡时减轻的平均体重。结果表明，这个结果的科学解释有点草率，我们仍然不知道是否有灵魂，如果有灵魂的话，它是否有质量（尽管这看起来不大可能）。

客体我、自我和主体我

当弗洛伊德在维也纳发展自己的理论时，美国心理学的先驱威廉·詹姆斯在亚特兰大将自己的自我理论分为两个部分：“客体我”和“主体我”。“客体我”再细分为三个部分：物质的、社会的和精神的“自我”。

物质自我包括属于自己的东西或者自己的归属，具体包括家庭、身体、衣服和财产；社会自我是指自己与他人或者任何社会角色之间的联系，我们每个人都有许多社会自我，因为我们会在不同的社会环境下表现得不同：在工作中、与家庭成员一起、与朋友在一起等；精神自我指的就是我们的核心自我，它由我们的核心价值观、信仰、良心和人格组成。精神自我是三部分中最稳固的，它在人的成年生活中变化不大。

詹姆斯将一个人的“客体我”定义为“不仅包括这个人的身体和精神力量，

而且还包括他的衣服和房子、妻子和孩子、祖先和朋友、名声和工作、土地和马匹、游艇和银行账户”（1890 年）。自称“我”的范围不仅包括外部对象，甚至还延伸至其他人（“我”的母亲甚至敌人），他建立了一个扩散的、延伸到环境汇总的自我。这种自我与勒内·笛卡尔提出的封闭自我相对立，笛卡尔提出的自我不仅与他人不同，甚至与自己的躯体也不同。

“自我”则是纯粹的自我，是一种从过去、现在到未来不间断的线索形成的意识流。它还提供了一种差异（与“客体自我”相比）和自我意志的感觉，负责选择接受哪些思想、拒绝哪些思想，对于加工的经验来说也是如此。詹姆斯认为，“自我”是我们的心灵或者灵魂会怎样思考，因为它不是物质的，因此难以被科学验证。

幽灵又走了

纵观 20 世纪，心理学被行为主义所主导。在行为主义者的认识里，大脑是不存在的，他们将所有重点都放在可以观察到的行为上。大多数行为主义者都是物质一元论者，他们只注重身体。有些人承认大脑可能存在，但由于无法直接接触到大脑及其加工过程，所以他们认为大脑也可能根本就不存在。20 世纪下半叶，当心智这一概念再次出现时，神经病学的研究者攫取心智传统领域的一些观点，并将其归为有关实体的理论。

我们仍然无法给意识定位或下定义，过去 150 多年来，心理学家所做的工作并未让人们对精神 / 身体本质的观点达成一致，甚至都没有使其更加接近一些。在启蒙运动结束时，人们对心智和身体如何分裂或统一的各种模式理论已经叙述得相当到位了。在 18 世纪末，古希腊人在大脑中感知到的相关观点已经在弗洛伊德和詹姆斯的理论中有所反映，早在那时，心理学的所有知识的基础就已经奠定了。

西格蒙德·施罗摩·弗洛伊德

西格蒙德·施罗摩·弗洛伊德出生在普日博尔摩拉维亚（今捷克共和国）一个贫穷的犹太家庭里。他出生时身上还覆盖着羊胎膜（羊胎膜是胎儿成长时形成的羊膜囊），他的母亲认为这是一个好兆头。

他在维也纳大学学习医学，然后在维也纳总医院进行研究。1885 年，他成为神经病理学讲师，奔赴巴黎跟随让 - 马丁·沙尔科（Jean-Martin Charcot，1825 年—1893 年）学习。之后他成为了是一名研究催眠的神经学家，这是他一生中的转折点。第二年，他辞去了讲师的职务，进入私人诊所，最初，他通过催眠来让病人开放地揭露过去的创伤经历。

他很快意识到自己可以放弃催眠，并发展了“自由联想”的技巧，这种方法允许病人随意谈论自己希望谈的任何事情。他开始分析梦，觉得梦能让自己洞察病人的潜意识。他认为所有的梦都是实现愿望的过程，虽然它们会受到一些审查，但却揭示了我们内在的本性和最隐秘的渴望。

弗洛伊德开始发表自己的理论和案例研究，他提出了以下观点。他的一群弟子每周都来拜访他。这个团体自称 “星期三心理学会”，它标志着精神分析运动的开始。奥地利音乐评论家马克思·格拉夫（Max Graf，1873 年—1958 年）是这个团体的早期成员，他回忆：“在那个房间里充满了宗教的气氛。”弗洛伊德本人就是它的新先知。

但是，由于弗洛伊德是住在维也纳的犹太人，并且名声显赫，1933 年，纳粹党执政后，弗洛伊德感到自己越来越受威胁。他在自己的作品中公开评论：“我们正在取得什么进展？在中世纪，他们会把我烧死的。现在，他们则满足于烧毁我的书。”最终，他被说服（并获得帮助）在 1939 年离开了奥地利。他逃到伦敦，同年死于口腔癌。实际上，他死于过量使用吗啡，这些吗啡是他要求朋友马克思·切尔医生（Max Schur）为他开具的。

THE STORY OF
PSYCHOLOGY

第2章

一系列证据

测量心智

> 如何在各种元素之上建立一个科学体系？从定义的角度来说，这种科学体系被认为非常个性化，并且无法与其进行交流。
>
> 美国心理学家爱德华·拖尔曼（Edward Tolman，1922 年）

思维、感觉、认知、推理、学习、记忆、想象……无论我们把所有这些思维活动安放在哪里，它们都会发生。作为研究对象，人们对其具有持久的兴趣，但却给那些想研究它们的人带来了一些独特的问题。心智的活动是个性化的和内在的，所以不容易被直接测量或分享。你甚至连研究自己的心智也需要非常巧妙的方法，因为这就是心智在研究自身。正如休谟所说的："没有感知觉，我永远也无法研究自己。"那么，心智怎么研究自己呢？对心理学家来说，将科学和理性的方法应用于这样一个棘手的课题，这是一个长期的挑战。

心理学是一门科学吗

这些问题带来的特殊困难导致一些思想家声称心理学永远不能成为"真正"的科学。德国哲学家伊曼努尔·康德（Immanuel Kant，1724 年—1804 年）怀疑，是否存在一门"关于人类心智的科学"，他认为这门科学很可能不存在，因为这一主题本身就是主观的、内在的、个性化的，且不能进行外部观察、检验或审查的。一个世纪之后，法国实证主义哲学家奥古斯特·孔德（August Comte，1798 年—1857 年）拒绝除了共享给公众的科学调查研究结果之外的所有知识。这意味着任何形式的内省都被排除在外，因为它不能共享，也不能被验证。这就意味着不可能有心理学：

为了观察，你必须停止自己的智力活动，而这正是你想要观察的活动。如果你不能暂停智力活动，你就不能观察；如果你停止智力活动，你就没有能够观察的东西。这种方法的结果与其荒谬程度成比例。人们在心理学上经过2000年的不断探索，仍然没有一个能够满足其追随者要求的主张。直到今天，人们还是将心理学分为许多流派，仍然在争论各自遵循的教义的基本内容。我们空想着任何一个或大或小的发现都是使用这个方法完成的。

波普尔热衷于心理学

当卡尔·波普尔对科学做出的普遍定义感到不舒服时，他将物理学家阿尔伯特·爱因斯坦的理论与西格蒙德·弗洛伊德和奥地利同一时代的阿尔弗雷德·阿德勒（Alfred Adler，1870 年—1937 年）两位心理学家的理论进行了比较。他认识到，这两种理论的不同之处在于，人们可以通过一定的观测证明爱因斯坦的相对论是错误的；而弗洛伊德和阿德勒的心理动力学理论可以用来解释任何新的案例。任何一个新的案例都可以被这两位心理学家用一种适合其理论的方式进行解释，因此这个案例就能支持其理论，从而将其纳入到整个理论框架中。

一种理论想要有资格成为科学，就必须具备描述观察结果的能力，还能证明自己有可能是错误的。例如，如果我们发现了一颗沿着完美的正方形轨道绕太阳运行的行星，那么牛顿的行星运动理论就必须被抛弃。弗洛伊德的精神分析理论怎么能被证明是错误的呢？它不能被证明，所以它不是一种科学理论。

一种理论如果不能被任何可以想象的事件所驳倒，它就不是科学的。不可反驳性不是科学理论的特点（如人们通常认为的），而是一种缺陷。

然而，随着其他科学的发展，精神活动的某些方面确实能被测量和观察。心理学产生于“人类的心智科学”，康德曾怀疑它是否存在。这门学科试图寻找关于人类的心智和大脑的某些问题的明确答案。

半科学

看起来，心理学的某些方面是科学的，某些方面是不科学的。一些在早期无法检验的想法，比如现在我们可以用脑扫描等科学方法来检验关于大脑的功能分区理论。但是，其他想法，比如童年创伤可能导致成年后产生犯罪或精神问题的理论仍然无法得到严格的检验。目前，我们可能不得不接受心理学，它有时是科学的，有时则不然。本章和第 3 章都将讨论实验方法在心理学中的应用。当然，很多研究工作（特别是在早期）都关注的是身体，因为大脑在某种程度上仍然超出了经验观察者的范围。

观察心智的方法

对于心智活动，人们已经思考了几千年。有关思维的第一种批判性思维是哲学探索，它一直延续到今天。哲学是一门严谨的学科，它通过逻辑和结构论证来提出、反驳、修改或赞同理论。它可以处理任何主题，除了大脑和语言之外，不需要使用任何工具，但它并不是一门科学。哲学的问题在于它不易被经验主义所证明，或者波普尔认为更重要的是被证伪。

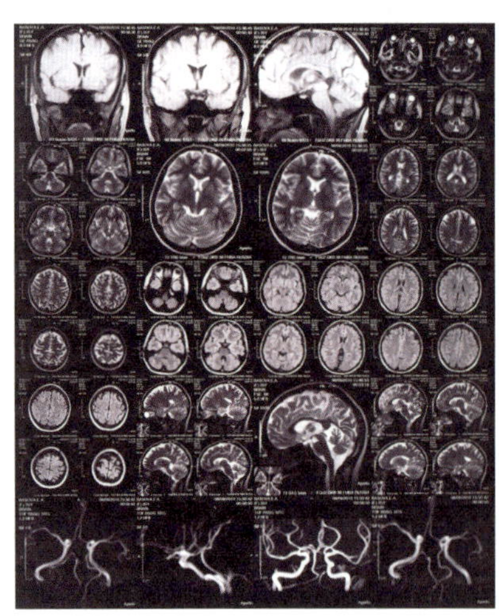

16 世纪，由于解剖学家开始发现更多关于人体构成以及人体如何工作的奥秘，一些科学家开始研究大脑和神经系统可能的工作方式。研究身体系统的生理学提供了一种新的方法来研究心智及其与身体的互动，并为哲学家提供了新的信息和观点。

一种新的范式在 19 世纪中叶出现了。1859 年，英国博物学家查尔斯•达尔文（Charles Darwin，1809 年—1882 年）在自己关于物种起源的开创性著作中提出了“自然选择进化论”，这改变了人们对人类在世界上的地位以及对科学和知识的思考方式。人类和动物不再那么清晰地被划分开，现在，只能称之为人类与其他动物之间的差异，这使许多人感到不舒服。但是，如果人类和动物没有如此大的差异，人们也许可以从研究动物的认知和发展中收集有用的信息。这使比较心理学中的研究（动物的心理实验）成为一个探索人类思维的、潜在的有用工具。与此同时，科技的进步意味着一些心理过程可以被测量、观察和记录。心理学作为一门独立的学科出现，心理学家开始通过实验接近大脑。在达尔文的《物种起源》一书出版20年后，第一个实验心理学的实验室开张了。

儿童为豚鼠

根据希腊历史学家希罗多德（Herodotus，约公元前 484 年—公元前 425 年）的记载，公元前 664 年—公元前 610 年，萨姆提克一世（Psamtik I）成为埃及国王。他被认为做了第一次心理学实验。为了发现人类的原始语言和天生语言，他命令将两个新生婴儿交给一个牧羊人照顾，并严格指示，任何人都不该和他们说话，或者被他们听到讲话声。萨姆提克一世希望宝宝们依靠语言的天赋知识开始说话。仆人报告说，其中一个孩子喊着“bèkos”并张开自己的双臂，萨姆提克认为这是“面包”一词的普莱基语（Phrygian），并因此证明，普莱基语是他们生来就会说的语言。

被禁止的实验

没有语言甚至没有任何人与其接触的方式来培养孩子，这种做法被称为“被禁止的实验”，因为它显然是高度不道德的，但将其作为一种科学工具却具备相当可观的潜力。这种方法曾经在某些情况下被人尝试过好几次。

实验类型

实验方法旨在检验变量条件之间的关系，通常有两种主要的变量：自变量是被研究者操纵的条件；因变量是由于自变量的状态变化而变化的变量。如果你想知道冰淇淋融化的温度，你可以在不同的温度下检查它：温度是你控制的自变量；冰淇淋的固态/液态是因变量，它会随着温度的变化而变化。

心理学研究中常用的实验有三种。

• **实验室实验或受控实验**。实验者完全控制实验的条件和地点。人类可以做被试，动物或者生物组织（如神经细胞）也可以做被试。

• **现场实验**。实验是在日常生活中进行的。实验者可以控制重要的自变量，但也会有其他控制之外（比如天气）的变量，导致以后很难再复制这个实验。

• **自然实验**。实际上，实验就是观察真实世界环境中发生的事情，研究者不会去控制变量。自然实验并不是有意设计的，而是研究人员注意到可以对现实情况中的一些潜在因素进行研究。以下研究的是一个在孤儿院长大的儿童心理发展状况的例子。

13世纪，神圣罗马帝国的皇帝弗雷德里克二世（Frederick II）决定做一个让婴儿在听不到别人讲话的情况下长大的实验。这个实验是由意大利修士和编年史记录者萨利姆宾·迪·亚当（Salimbene di Adam，1221年—1290年）报道的：

寄养母亲和护士（被命令）可以喂养孩子、给他们洗澡，但不能和他们闲聊或与他们说话；实验者想了解这些孩子是否天生就会讲希伯来语（这是第

一种语言）、希腊语、拉丁语、阿拉伯语或者他们父母的方言。但实验者的努力是白费的，因为孩子们不能在没有拍手、手势、快乐的表情或被哄的情况下生活。

苏格兰的詹姆斯四世（James IV，1488 年—1513 年在位）将两个孩子送去遥远的因奇基斯岛，让一个哑巴女人抚养。据报道，孩子们已经开始讲希伯来语，但这一事实甚至在当时就被人们怀疑。

印度莫卧儿的皇帝、伟大的阿克巴（Akhbar，1556 年—1605 年在位）认为，语言并不是天生的，而是孩子后天听别人说话学会的。他把婴儿隔离起来，研究那些从不说话的孩子是否会变成哑巴。据报道，他们开发了一种基于手势的沟通系统，并发现得到了越来越多的最近观察自然隔离情况下的结果的支持。

印度皇帝似乎是唯一一个纯粹出于心理上的好奇，而不是针对宗教或政治议程进行实验的人。

野孩子

当然，禁止实验只有在由实验者设计时才是被禁止的。人们已经进行了几个“自然实验”，都涉及对正常社会下长大的孩子的观察。这些孩子要么被虐待自己的父母忽视或隐藏，要么是因为自己被动物劫去并抚养长大。

动物抚养孩子的故事可以追溯到几千年前。据说，罗马帝国伟大的创始人和统治者罗姆路斯（Romulus）就是被母狼养大的，并因此战胜了自己生活中的厄运，而大部分野孩子则没有那么幸运［包括罗姆路斯的哥哥里莫斯（Remus）］。尽管许多早期的故事都无法验证，但据人们在 20 世纪和 21 世纪的报道，均发现了被狗、狼、猴、山羊和鸵鸟养大的儿童。1979 年，人们在印度发现了一个男孩，他在河边以两栖动物的方式生活。通常，野孩子们会表现出将其抚养长大的动物的生活方式，他们会吃生的食物、避免与人接触、经常手脚着地走路、没有语言能力（从而驳斥了一些禁止实验所报告的结果），那些与动物一起长大而与人隔绝的孩子也有相似的行为。2008 年，人们在俄罗斯发现了一名 7 岁的男孩，他一直住在一间满是鸟的房间里，唯一接触的人类是他的母亲（像对待鸟一样对待他），他通过"叽叽喳喳"的鸣叫和挥动双臂与人交流。所有这些证据都对于解决下面有关"人类的活动（精神和身体）有多少是由于遗传、有多少是由于家庭环境的影响"的争论非常有用（详见第 6 章中"先天与后天"的内容）。

"詹妮"

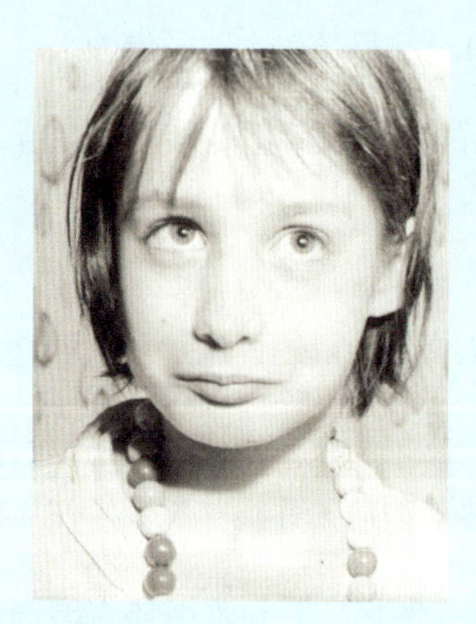

"詹妮"（Genie，生于 1957 年）是一个被极端虐待的受害者，她从 20 个月起到 13 岁都被单独锁在一个房间里，直到她被洛杉矶儿童福利机构的官员发现。她的父亲把她绑起来，她除了脚趾和手指能动之外，身体的其余部分都动不了，他只喂她吃流食，不让她接触任何外人。如果她发出了声音，他就揍她。人们发现她时，她不能走路、说话或吃固体食物，大小便失禁。在人们的帮助之下，她掌握了基本的语言技能，还学会了走路，尽管她的走路姿势很奇怪。詹妮在康复的过程中一直在学习。直到 1977 年，她的母亲失明后无法照顾她，并拒绝让她接受任何进一步的科学研究。她父亲因虐待而接受审判，并在受审前自杀。詹妮目前住在加利福尼亚的家庭护理中心，再次无法开口说话。

近年来，人们密切观察了在与世隔绝的环境中或在野外生活，后又重新回到人类社会的儿童再适应的过程。他们的困境为心理学家提供了丰富的研究素材。

无数的实验

因为抚养孩子、雇用员工或奴隶（或妇女）这样的“实验”很容易进行，人们很可能已经进行了许多非法和不道德的实验，而这些实验无论是出于真正的科学兴趣，还是出于闲得无聊或窥伺隐私的好奇心。例如，法国散文家蒙田（Michel de Montaigne，1533 年—1592 年）的父亲就将其当成抚养孩子的实验对象。他的父亲在抚养他时，以拉丁语作为他的第一语言。他出生后的前三年里由农民照顾长大，而不是成长在父亲的城堡里。总的来说，19 世纪前，人们记录在册的对人类意识进行的研究基本都是通过哲学探究的方式来实现的。

突破口

一些生理知识的出现弥合了哲学和科学心理学之间的鸿沟，它们始于 17 世纪，伴随着科学革命的出现。

生机说与唯物主义

正如哲学对身心问题的斗争一样，生理学也在讨论物质结构和过程之外是否存在更多的物质。生机说者认为在物质的身体之外另外有一种“生命的力量”，这种力量是非物质的，所以不适合进行研究。另一方面，唯物主义者认为生命中没有什么特殊的物质，人类就像其他的生物一样可以用生化过程来解释。

使我们神经紧张

神经在大脑和身体各部分之间进行信息传递的想法并不是最新的，它甚至在希腊哲学家盖伦关于生理一书的描述中就已经存在，该书写于公元2世纪。无论是盖伦还是其继任者都很清楚大脑和身体之间的交流过程，这种过程似乎涉及某种形式的“精神”沿着神经通路运动，这些神经被认为是中空的。1400年以来，没有人提出更好的想法。

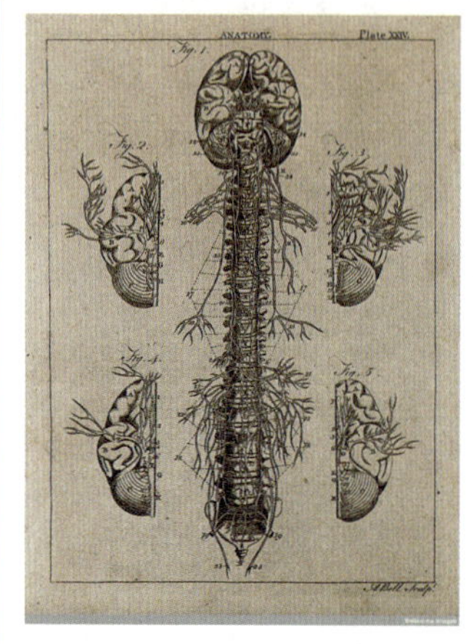

神经是由大脑中类似脑髓的、黏糊糊的物质产生的，通过这些神经，动物将精神放射出去，而不是传递出去。这种物质确实比一个凸起或者开放的空腔更适合放射，它会让我们的运动和感觉更突然、更暴力和更不安，而现在那些表现出温柔的和连续行为的活动是由于受到我们意愿的影响，并受到理性的节制。

赫凯尔·克鲁克（1576年—1648年），《微世界志》（*Microcosmographia*），对人类躯体的描述（1631年）

1630年左右，勒内·笛卡尔提出了一种纯粹的机械解释，认为“精神”被某些流动的物质（如一种液体、气体或者某种类型的“火苗”）所替代。他仍然认为神经是中空的，尽管10年前的1620年，苏格兰医科学生约翰·摩尔（John Moir）在自己的课堂笔记里记录道：“神经内部并无可观察到的空腔，它就像静脉和动脉那样。”

笛卡尔第一次准确解释了反射动作是如何起作用的。他说，任何对感觉器官的刺激都会拉紧神经，从而打开大脑相应部位的一条管道，使动物的“精神”能够顺着管道流向受影响的区域，使肌肉肿胀并运动起来。虽然他在所有细节上都弄错了，但总的原理是对的：信号从感觉神经到中枢神经系统，引发另一个信号进入运动神经，并在需要的时候使肌肉运动起来。他还建议使用“刺激”这个词来描述激活神经的外界事物。

花园里的雕像

笛卡尔受到法国圣日耳曼花园里一系列自动机械的启发，提出了他的神经系统模型。这些机械是被管道里流出来的水所驱动，而这些水又是由行人走路给隐藏在路面下的压力机械以压力才得以向前流动。笛卡尔认为，如果雕像可以这样移动，也许让人体运动的机制也是类似的。

笛卡尔关于身体的理论是在其死后的 1662 年出版的。这是 1500 年来有关神经理论唯一的进展，但他的解释在三年后就被一个进行相关实验而不是理论思考的人推翻了。

第一只青蛙

17 世纪，一位年轻的荷兰生理学家简·施旺麦丹（Jan Swammerdam，1637 年—1680 年）对青蛙进行了实验，他发现涉及运动的器官是大脑而不是心脏，但他却从根本上证明了运动可以在没有大脑参与的情况下产生。他去掉了青蛙的心脏。实验发现，青蛙虽然看起来很混乱，但它仍然会游泳；而当他切除了青蛙的大脑后，它就不能游泳了。他还发现，如果他用手术刀刺激青蛙的神经，它的腿部肌肉仍会收缩。他也可以对狗做同样的实验。如果从青蛙身上把腿取下来，也可以使它的肌肉收缩。笛卡尔的“精神”机械性地从大脑传导到肌肉这一理论被彻底否定，实验证明，神经的活动甚至不需要大脑的参与。

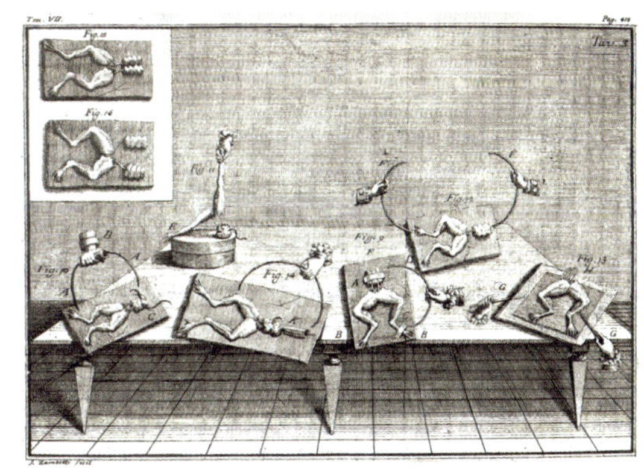

施旺麦丹的实验是神经生理学和心理学史上非常重要的实验之一。他的实验发现了刺激和反应之间的关联，奠定了行为心理学的基础：有机体、人类或其他生物的行为完全是其接收的所有刺激的结果。

> 因此，从这些实验中，我可以得出这样的结论：单纯的自然运动或刺激神经是产生肌肉运动的必要条件，无论它是起源于大脑，还是骨髓或其他地方。
>
> 简 • 施旺麦丹（1678 年）

生物电

虽然施旺麦丹确信自己已经证明动物不存在“精神”，但他却不能准确地解释神经是怎样传递信息的。他把这个过程比喻成穿过固体的振动，如敲厚木板。而这一研究的下一步则是由意大利科学家路易吉 • 伽尔瓦尼（Luigi Galvani，1737 年—1798 年）推动的。

根据传说，伽尔瓦尼在一条板凳上为一只死青蛙剥皮，他之前曾经在这条板凳上做了静电实验，助手用金属刀触碰青蛙的神经，那条腿就像活的一样跳了起来。伽尔瓦尼继续将电流通过青蛙的肌肉，并观察其运动来调查这个惊人的结果。他得出了一个结论：“生物电”隐藏于生物体肌肉运动的背后，它是由体内液体的电离子导致的。想要把这些发现和神经结合起来还有一些工作要做，但他得出了神经病学上的第一个惊人发现。

非生物电

意大利物理学家亚历山德罗 • 伏特（Alessandro Volta，1745 年—1827 年）通过重复伽尔瓦尼的实验认识到，伽尔瓦尼用于连接肌肉和神经的金属电缆上有电流通过。他意识到这种电流来源于生物化学过程，于是开始在体外复制这种效应，并研制出了第一个电池。他将电应用到青蛙身上，因此引发了两个学科的诞生：神经学和电气工程。

拼接片段

人们其余要做的事就是要证明“生物电”如何在感觉、运动神经和大脑之间进行运作。1811 年，英国生理学家查尔斯·贝尔（Charles Bell，1774 年—1842 年）制作了一个小册子，概述自己在解剖兔子实验中获得的研究结果。贝尔表现出了不同寻常的同情心，他有时不得不暂停实验，因为他非常关心由于切断兔子被试们的神经而给它们带来的痛苦。最后，他在无意识的兔子身上做了实验。

> 因此，我从兔子的耳后打了一下，使它不受脑震荡的影响，然后让它露出骨髓。我发现，在刺激神经的后根时，肌肉组织的任何部分都不会产生运动；但在刺激神经的前根时，每次钳子碰触神经都会让神经分布的相应肌肉产生运动。这些实验结果让我感到满意，不同神经根和神经束产生的神经冲动是由不同的神经部分造成的，并且，证实了研究者从解剖学中得出的概念是正确的。
>
> 查尔斯·贝尔（1811 年）

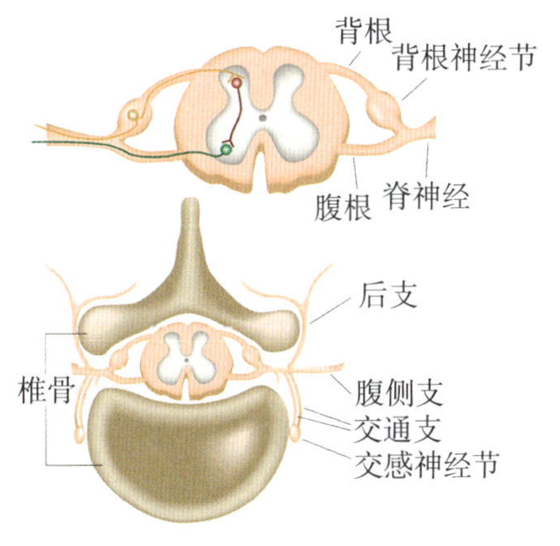

贝尔描述了不同感觉和运动系统的神经会联接不同部位的脊髓。感觉神经将会传递来自感觉器官（包括皮肤的感觉感受器）的信息，并使其进入背（后）侧的脊柱。运动神经联接到腹侧（前侧），并将信息从脊柱传递到肌肉。这证实了存在双向神经通路，信号沿着不同的路线传入和传出大脑。不幸的是，贝尔没有公布自己的发现，而是做了一本小册子送给他的朋友。法国生理学家弗朗西斯·马戎第（Francois Magendie，1783 年—1855 年）在 11 年后发表了同样的发现，随之而来的就是对谁先得出这一

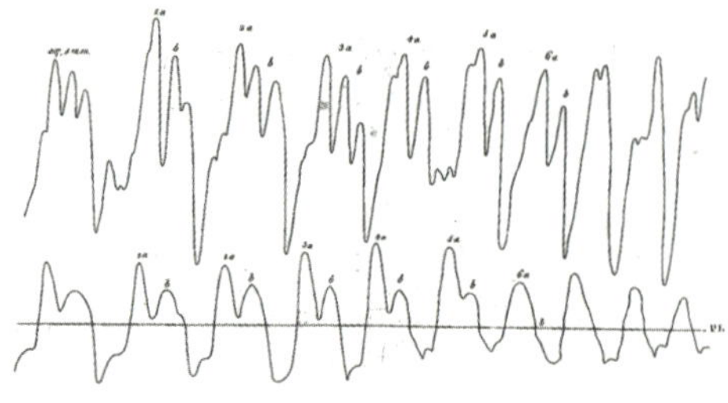

研究结果的争议。

贝尔认为，我们有五种类型的神经对应着五种感官，并将这一假设留给了德国生理学家约翰尼斯·穆勒（Johannes Müller，1801 年—1858 年）来证明。1835 年，他发现某些感觉神经特别适合感知某种特定类型的刺激（例如，眼睛对光线最敏感），它们也可以通过其他方式受到刺激（例如，我们可以在头部撞击后出现视觉幻觉）。他认为特异性是神经传递的性质，而不是刺激信号的来源或大脑处理信号的区域（在这一点上，他弄错了）。1912 年，埃德加·阿德莱恩勋爵（Lord Edgar Adrian）证明在神经中传递的能量是相同的，其差别只是在于信号来自哪里、大脑怎样处理不同的信号。尽管如此，最重要的是，他的工作证明了我们的感知觉是由内部因素（身体和神经）决定的，而不取决于外部环境的特征。

心智科学的开始

到了 19 世纪中旬，神经科学的基本要素就已经被发现了。在哲学方面，人们对人类取得的成就和科学研究颇具信心，并相信通过运用人类的聪明才智和知识，世界可以变得更美好。我们正在超越自己。人类心理学第一次实验的尝试，实际上就是一次天文学的实践。

草率的工作还是新的科学

1795 年，皇家天文学家内维尔·马斯基林（Nevil Maskelyne，1732 年—1811 年）及其助手大卫·金布鲁克（David Kinnebrooke）观察某颗星在望远镜中穿过边际线的时间点，并使用天文计算的方式来计算它穿过的时间。马斯基林批

评金布鲁克的计算结果太慢，金布鲁克计算的时间总是比马斯基林的慢半秒。当金布鲁克始终都无法提高自己的表现（事实上，他的计算结果变得更糟）时，马斯基林解雇了他，他回到学校当了老师。之后，一位名叫弗里德里希·贝塞尔（Friedrich Bessel，1784 年—1846 年）的德国天文学家再次研究 20 年前金布鲁克得出的计算结果，他想知道这是由于金布鲁克没有能力做这件事，还是由于个体在反应时上具备差异造成的。他进行了第一个反应时研究，并计算了个人公式，这个公式可以用来矫正观察者之间的时间差异。

贝塞尔的研究表明，不同的观察者会影响观察结果，因此，在所有类型的科学观察中必须考虑这一点。他还进行了第一次心理学实验，探讨了个人差异。在当时，这一领域并没有引起足够关注，但后来却成为心理学研究的一个非常重要的领域。

心理物理学——获得心理的物理指标

人们使用的一个早期的步骤是测量反应速度，它是一种新的、心理学物理方面的定量方法，被称为心理物理学。心理物理学观察的是刺激的物理特性及其与感知的关联，它在现代技术中有许多应用。例如，在测量我们可以辨别的颜色数量上，它使研究人员开发出了对图像的最佳压缩算法。

描绘出差异

如果一种声音刚开始时低于人类的听觉阈值，那么在其音量稳步增长时一定会有一个点，你会从那个点开始注意到它。在那之前，这种声音可能会对你有某种潜意识的影响，但

是你并没有听到它。同样，如果你注意到两种稍微不同的刺激，你就能看出它们有一个点是不同的。如果它们太过相似，你就很难将它们区分开。第一个尝试量化感知阈值的人是一名德国医生，同时也是实验心理学的奠基人之一，他就是 19 世纪 30 年代在德国莱比锡工作的恩斯特 · 海因里希 · 韦伯（Ernst Heinrich Weber，1795 年—1878 年）。

韦伯从重量开始探索了人们能观察到的刺激差异量。他要求人们拿起重量不同的东西进行比较，并报告哪个最重。他发现，人们拿的物品的实际重量必须有 3% 的差异，才能在感觉上区分出重量不同，所以的确存在一种“最小可觉差”（just noticeable difference，JND）。所以，如果一个人的体重是 100 克，那么第二次称体重需要比第一次重 3 克或轻 3 克才能被检测出有差异。如果一个人重 1 千克，那么第二次称体重则需要比第一次重 30 克或轻 30 克才能感觉到重量不同。他发现，不同的感觉有不同的差别阈值。例如，在比较两条线段的长度时，它们必须至少有 1% 的差异才能被人感知；又如，音高需要至少有 0.6% 的差异才能被人感知，等等。

韦伯定律指出：

$\Delta R / R = k$

其中，

ΔR = 最小可觉差（或 JND）

R = 现有的刺激量（德语称为 Reiz）

k = 常数（每种感觉不同）

他也研究了其他几种感觉差别阈值。他用罗盘点测量了能觉察到的两个皮肤触摸点之间的最短距离，以及把两个皮肤接触点感觉为一个皮肤接触点的距离。这个研究是心理学史上的一个里程碑，因为它表明，人的心理的某些方面还是可以使用量化科学的方法来进行研究的。心理物理学为人们将实验心理学作为研究领域奠定了基础。

跨越门槛

韦伯的工作由古斯塔夫·费希纳（Gustav Fechner，1801 年—1887 年）继续进行。起初，他为了成为一名物理学家而学习相关课程，但却由于研究颜色和视觉时眼睛受到了损害而辞去了教职。他把研究兴趣转移到了感知的心理过程上。作为一名中立一元论者，他认为身体和意识的行为是一种单一现实存在的不同方面，并着手寻找不同方面之间的数学关系。他想通过某种方式来解决心–身问题，这种方式既可以满足唯物主义者，也可以支持自己的观点，即意识在宇宙中无处不在。

费希纳将能被刺激注意到的点定义为“绝对阈值”。在这一点下，刺激可能仍然起作用，但人们却意识不到。由于刺激无法测量，他就从绝对阈值开始研究。他的工作成果是得出了韦伯–费希纳定律，这是韦伯定律的一个提升版：“为了增强感觉强度，使其呈现算术级数的增长，物理刺激的强度必须呈几何级数的增加。”

这意味着刺激强度和产生的感觉强度之间存在对数关系（对数标度被用来测量有关现象的、非常广泛的变化，如地震的里氏震级或声音的分贝数）。

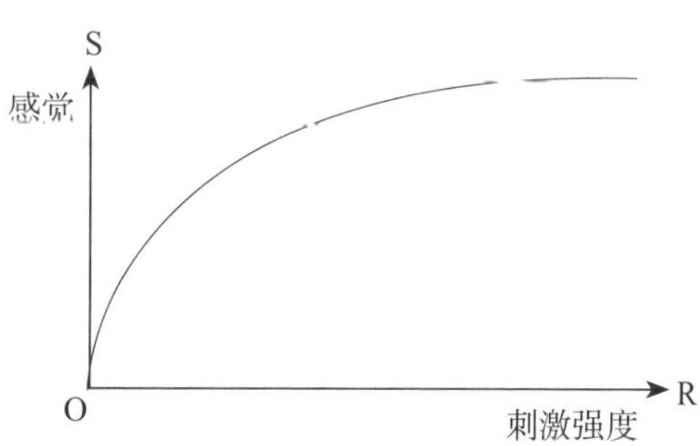

$S = k \log R$

其中，S 是感觉，R 是刺激。

假设我们发现，刺激强度增强 3 倍，就会导致感觉强度增强 2 倍。如果我们再把刺激强度提高 3 倍，就会感觉强度像之前一样增加，现在的强度是原来的 3 倍（尽管刺激的强度现在是原来的 9 倍）。刺激强度再次增强 3 倍，使我们感觉强度只是原始刺激强度的 4 倍，以此类推。

费希纳觉得自己已经达到了目的，他展示了物理刺激和心理反应之间的一个可衡量的联接。现代的研究结果并不完全符合费希纳的“定律”。

1860 年，他的研究结果发表在《心理物理学元素》（*Elements of Psychophysics*）一书中，这是使用定量的科学方法来研究心理现象的一个早期的尝试，一些评论家把它看作心理学这门科学的开端。另外一些人认为，科学心理学建立的标志是威廉·冯特建立了世界上第一个实验心理学实验室（详见第 3 章“冯特的奇妙发明”的内容）。

黄金矩形与分裂意识

在费希纳的其他研究中，他还有一项美观外形的研究发现。人们觉得，正方形的边长比例为 0.62 最具有吸引力，这种比例符合黄金比例和斐波那契数列。从一个向日葵种子的排列模式到鹦鹉螺壳的比例，自然界处处都有这种比例的存在。他还认为，如果大脑能够沿着胼胝体（一条联接两个半球的纤维带）分裂，那么就有可能有两种独立的意识流。费希纳怀疑这样的实验可能永远也不能进行，但在 20 世纪 60 年代，神经心理学家罗杰·斯佩里（Roger Sperry，1913 年—1994 年）和心理学家迈克尔·格詹尼加（Michael Gazzaniga，生于 1939 年）发现费希纳是正确的，他们将癫痫患者的胼胝体切断来治疗其疾病。

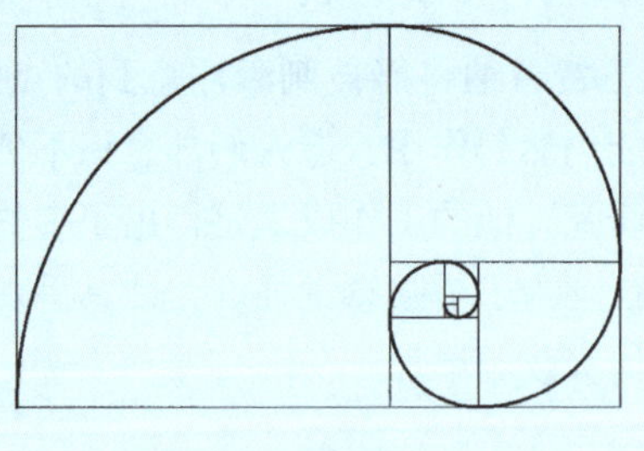

笔名米塞斯博士

费希纳在自己发表的小册子或文章提出了泛灵论的观点，并讽刺了当时流行的正统观点的某些方面。由于这些观点会损害他作为一个严肃的科学家的声誉，他以米塞斯博士的笔名提出了这些观点，其中包括《天使的比较解剖学》（*The Comparative Anatomy of Angels*，1825 年）和《死亡后的生命》（*A little Book of life After Death*，1836 年）。

测量思维速度

德国内科医生和物理学家赫尔曼·冯·赫尔姆霍兹（Hermann von Helmholtz，1821 年—1894 年）是第一个认真测量神经脉冲速度的人。他从曾经在实验中用过的青蛙开始研究，逐渐推进到对人类的研究，发现了反应时间取决于脉冲的传播距离。1849 年，他做了一个实验，在实验中，他刺激了一名人类被试的腿，并要求被试在感觉到刺激的时候按键。当他刺激被试的脚趾时，其反应时间要比刺激大腿时的时间长。他得出结论，人类的神经脉冲传播速度是每秒 27 米。而实际上，人类最快的神经传递速度比赛车更快，大约是每小时 430 千米（或每秒 110 米）；其他的神经传递速度可能会慢一点，最低的神经传递速度大约是每秒 50 米。比测量出多变的神经传递速度更重要的是，他证明了神经传递速度这一事实本身是存在的。许多人都相信信息传递是瞬时的，特别是有些人认为，只有上帝才能认识到人类的行动意图。

赫尔姆霍兹也对穆勒的发现感兴趣，即不同的感觉器官只能产生同种类型的感觉。因此（例如），如果人的眼睛受到打击，就会看到“星星”。因为所有的眼睛 / 大脑神经只能将眼睛接收到的信息加工成视觉图像，这是视觉器官——眼睛应做的工作，即使眼睛接收到的这些并不是最恰当的反应。赫尔姆霍兹从“这是为什么”以及“这是如何发生的”出发，雄心勃勃地想追踪所有的生理过程，这些生理过程涉及从感觉神经接收刺激的瞬间到这种感觉被识别出来。这是一项人们至今尚未完成的任务。

脑内的活动

在赫尔姆霍兹的实验过去 15 年后，荷兰生理学家弗朗西斯·唐德斯（Franciscus Donders，1818 年—1889 年）决心对反应时进行更复杂的测量。除了测定一个被试对一种刺激做出反应需要多长时间之外，他还增加了刺激数。首先，他使用了一系列的刺激，并要求被试忽视其他的刺激，只对其中一种刺激做出反应。接下来，他又使用了一系列刺激，要求被试对每种刺激都做出不同的反应。被试必须识别每种刺激，并做出正确的反应。他发现，最简单的刺激 / 反应任务的反应时最快，其次是区分刺激的任务，而需要鉴别和选择的任务反应时最慢。他计算了对刺激进行鉴别、选择以及反应的时间，并对完全发生在大脑内部的活动进行测量。

唐德斯的实验让研究者用实验数据推断脑内（或精神）活动成为可能。这一舞台是为实验心理学准备的，第一个踏上这一舞台的人是威廉·冯特。

THE STORY OF PSYCHOLOGY

第3章 心智与方法

我们怎样思考？为什么要思考

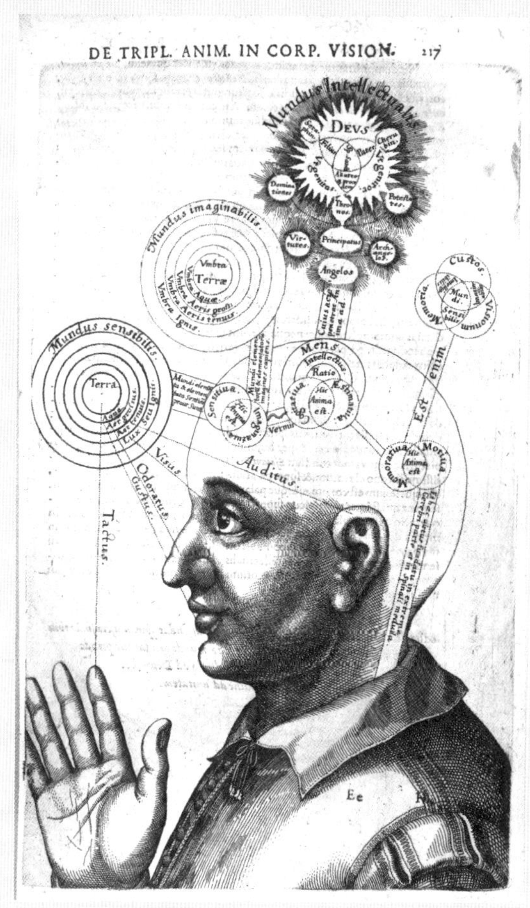

> 唯物主义心理学的观点由于意识本身的特点而自相矛盾，意识不可能由任何具有物理性质的物质分子和原子产生。
>
> 威廉·冯特（1912 年）

今天，对于许多人来说，人们所熟知的心理学可能是这样的画面：心理治疗师在分析患者的病情，或者心理实验人员在研究人们或者老鼠的行为表现。从这一点出发，最早的心理学实验看起来可能相当陌生，甚至可以说是相当简陋的。但正是这些奠定了 20 世纪那些最著名的心理实验基础，其中的一些实验挑战和改写了人类看待自己的方式。

冯特的奇妙发明

冯特开始明白意识以及支配意识的心理规律。他提倡的方法的核心是意识的概念，即个人选择什么事物来关注，就会因此感知到什么事物。他称自己的心理学分支是“唯意识论”，因为对他来说意识这方面至关重要，他的方法后来发展为结构主义（这是由他的方法得出的结果）。冯特开始尝试通过对人类被试进行实验而实现这一目标，并建立了世界上第一个心理学实验室来开展自己的工作。

为了研究意识，冯特希望揭示想法的基本要素，并发现各要素的组合规律。他的方法是通过内省，要求被试观察并报告自己的内部状态。他的实验是用各种设备产生刺激并测量反应时，或要求被试小心反应并报告自己对刺激（如光或一个节拍器发出的声音）的反应。从被试的报告中，冯特试图分离出意识的基本要素。

他的描述（即他对被试的要求）听起来很复杂，并且需要高超的技巧。

当一个人接受刺激时，就会产生相应的感觉。冯特认为，感觉可以分解成不同的形式（这些形式包括视觉或味道）和强度，通常还伴随着感情。这些都可以用三组词语来描述：

- 令人愉快的 / 不愉快的；
- 兴奋 / 平静；
- 紧张 / 放松。

威廉・冯特

威廉・冯特出生在德国曼海姆一个中产阶级知识分子家庭。当冯特仅存的一个兄弟被送往学校后，他的成长过程就几乎没有同龄人（除了一个精神受损的、几乎不说话的男孩）的陪伴了。虽然冯特在学校并不是一名优秀的学生，但他仍然在医学领域继续自己的研究。1855 年，他将注意力转向心理学。接下来的一年，他返回海德堡，成为赫尔曼・冯・赫尔姆霍兹的助手，并开始教授一门心理学课程。虽然他想教授实验心理学，但是直到 1879 年，大学也没有为他提供实验的场所。然而，他刚一建立心理实验室，就立即吸引了全欧洲的学生。他的讲座是大学里最受欢迎的，但是大学仍然不看好他的工作以及他的实验心理学研究室。直到 1883 年，实验心理学依然不在大学的课程目录里。即便如此，他的研究机构仍然在不断发展，并几次更换场地。直到 1879 年，他建起了自己的一座研究所。

冯特在临去世前几天写完了自己的自传，从而使这本书成为一本完整的自传。

这些感觉通常不是孤立的，共同体验到综合性的感觉都会产生知觉。这是一个被动的过程，它是由感觉和体验综合而成，感觉是由作用于人的刺激而产生，体验则取决于个体的过去历史、个人生理等。不过，我们并不完全受这种被动过程的支配。随着感觉和体验的产生，我们会主动选择注意哪种元素，并形成我们的“统觉”。

这就是冯特研究工作的模型。假设，你和另外两个人一起去了一家咖啡馆。对于你来说，面包的浓郁香味令你回想起在法国度假的愉快经历；而对于第二个人来说，同样的气味会引发不同的个体反应，他可能在吃着新鲜面包时听到不幸的消息，那么现在这些香气就会和不愉快的体验相联系；对于第三个人来说，气味没有任何意义，而只是一种气味而已。你们受到同样的物理刺激，每个人的感觉都是一样的，但是产生的体验却各不相同。个体的知觉和统觉并不相同。你可能陶醉在香味中，并为美好的回忆而感到欣喜；第二个人可能会试图不去想那些由于气味回想起来的个人经历；第三个人在当下的“统觉”中则完全没有任何感受和体验。

达到极限

冯特认为，反思可以揭示基本的意识元素，帮助我们理解意识以及大脑在某一特定时刻中正在发生的事情，但是高级心理过程是无法采用这种方式进行分析的。他认为，心理过程和物理过程类似，它们都有具体的定律，但这些定律非常复杂，而且取决于很多无法测量和无法观察到的因素，因此不可能对其进行预测。

尽管冯特认为我们无法预测在精神世界中将会发生什么，但他认为事件发生后，我们有时可以分解已经发生过的事情并解释它，甚至看到它的必然性。这种“向后看”的方法后来成为精神分析学的基础。

冯特所做的工作非常重要，其贡献主要是在实验心理学的建立上提出了一个可行的建议。后来的批评者反对说，尽管冯特把科学的严谨性应用到实验方法上，但内省法永远不可能成为一种有效的科学工具，因为它不能被客观地测量或观察。后来的行为主义者对可测量的行为进行研究，而不关心产生这些行为背后的精神活动来避免这个问题。即便如此，冯特的思想仍为 20 世纪后半叶出现的认知心理学奠定了基础。

结构主义

许多学生都蜂拥而至冯特的实验室，很快也有人不远万里从美国而来，其中许多人都在其他大学开始创建心理学系。冯特教过的一个刚毕业的博士生爱德华·铁钦纳也在纽约康奈尔大学创建了心理学系。

冯特想解释心智和心理过程，而铁钦纳只想对其进行精准的科学描述。他觉得这种解释超出了科学的范畴，他采用的一套实验心理学方法完全是科学的。他称自己的方法为“结构主义”，因为他试图研究心智的结构。他只对意识感兴趣，而不考虑无意识的思想或本能。

铁钦纳发展了冯特的内省和心智元素的主张，但他的观点发生了较大的变化。之前的实验只是要求被试记录自己是否对刺激做出反应，铁钦纳则要求被试去观察自己的反应，以基本的术语来描述，并且尽可能地细分意识的结构。例如，被试必须报告这些物体带给自己的感觉，他们应该使用温暖、沉重、红色等词来描述，而不是给物体命名。

铁钦纳确定意识的基本元素是“感觉”（感知的元素）、“图像”（想法的元素）和情感（情绪的元素）。他辨别了 40 000 种以上的感觉，其中大部分感觉与视觉有关。研究感觉占据了他的大部分时间，他测量了这些感觉在质量、时间、强度、清晰度和“拓展性”（一种感觉到了一定程度时，会从一个领域拓展到别的领域或空间）。想法也具有同样的属性。他认为情感唯一有意义的属性是愉快 / 不愉快，当我们感觉到某事物时，之前的所有经验都会发挥作用，这些都建立在联想的基础上，心智活动在同时出现的过往经历之间建立了联系。同样，铁钦纳并不接受冯特的“统觉”理论。

出于对所有详细结构以及科学严谨的关注（部分是由于这个原因），铁钦纳的方法仍然没有逃脱被淘汰的命运。它遗漏了太多在后来的心理学发展中变得越发重要的东西，并且对内省的依赖本身也存在问题。一些批评家指出，这是真正的回顾，因为主体在描述它时，这一精神事件早已发生了。内省的解释是不纯洁的，因为它会被记忆，甚至会被内省的观察污染或扭曲。铁钦纳想要运用这种客观的科学方法来研究心理，但是这一方法似乎并不怎么管用，至少在这么运用的时候并不管用。

功能主义

在铁钦纳使用结构法研究心理时，美国最有影响力的心理学家之一威廉·詹姆斯正在开发一种不同的方法——“功能主义”，这种方法关注的不是心理的静态结构，而是心理过程的功能或目的。它把心智活动与达尔文的进化理论联系起来，并采取一种更全面、更综合的方法：心智是如何帮助个体生存的？

功能主义与进化

功能主义心理学学派是从进化论发展而来的。功能主义的中心思想是：心智活动具有某种功能，它能帮助有机体更适应其生存的环境。

威廉·詹姆斯

詹姆斯出生在纽约一个富有而有影响力的家庭，他受到许多与自己生活在同一时代的伟大思想家的影响。詹姆斯在美国和欧洲各接受了一段时间的教育，他精通法语和德语。起初，他想成为一名艺术家，但遭到父亲的强烈反对，这导致他改变了主意，决定接受科学教育，并于 1861 年进入哈佛大学。1864 年，他转学到哈佛医学院。虽然他有医生资格，但他从未行医。

詹姆斯在青年时期罹患了好几种身体疾病［因为晕船和得了天花，他不得不放弃与瑞士博物学家路易斯·阿加西斯（Louis Agassiz）一起进行亚马逊探险］以及心理疾病，包括抑郁症。最终，他找到了一种对自己来说有意义的哲学观，并减轻了自己的抑郁症状。

他在哈佛大学待了一辈子，在那里建立了心理学的研究领域，并建立了第一个心理学教学实验室。他的学生包括美国前总统西奥多·罗斯福、西班牙哲学家乔治·桑塔亚纳和美国作家格特鲁德·斯坦。

1890 年，詹姆斯在发表了自己的开创性著作《心理学原理》（*Principles in Psychology*）之后，想要脱离实验心理学的研究，而更多地关注哲学和精神现象。1884 年，他协助建立了美国心理研究协会。

顾名思义，功能主义与心智的功能有关。它并没有把心智作为静态对象来研究，而是对行为及其作用感兴趣。功能主义并不只是关注普通人、成人的心理，也研究动物的行为、儿童的心理和变态心理。因为每个人所处的环境不同，让一个人适应所在环境的心理机制并不一定能让另一个人也适应。例如，驾校教练需要有耐心，而股票经纪人则需要具有竞争力。因此，功能主义关注的是人与人之间的差异，而不是人们的共同点。

使用心理学知识

功能主义者关注的是心理是如何运作的，以及心理运行的内在机制，因此他们对心智过程的使用和行为有着明显的兴趣。功能主义者之所以对心理学感兴趣是将其作为一门应用实践的科学，而不是作为一门纯粹的（只有关于其本身的知识）科学。在功能主义中，我们发现心理学可以使人们的生活变得更好：改善教育、工作和治疗病人。例如，在 20 世纪初，智力测试成为应用心理学的一个重要分支。功能主义被广泛使用，它与结构主义具有明显区别，结构主义尽量避免对心理学知识的任何实践运用。

美国心理学的诞生

威廉·詹姆斯出版的《心理学原理》一书，标志着美国心理学脱离了哲学和欧洲心理学的传统。小说家亨利·詹姆斯的哥哥威廉在哈佛大学任教，他在 1875 年成立了一个心理学教学实验室。虽然冯特的实验室在 4 年后成立，但由于其具有实验性，因此被普遍认为是第一个心理实验室，而詹姆斯的实验室则专门用于教学演示。《心理学原理》用将近 1400 页的论述，提出了一个与冯特的观点完全相反的观点。

詹姆斯推广了“意识流”这个短语。他认为意识是连续的，它从个体出生到死亡是不断变化的，所以它不可能为了让心理学家观察而被分割或停止。在詹姆斯看来，冯特的“意识的元素”法毫无意义。此外，意识对个体的重要性在于其有助于生存，它选择了要注意的事情，而这些事情必定是对个体有用的东西。

詹姆斯认为，无论是动物还是人类，其本能和习惯都是对有机体有用的行为。他认为，习惯是在个人生活过程中得到加强的行为。通过重复，习惯变得根深蒂固，并让人付出更少的意识努力。

意识本身并不表现为一些割裂的片段，使用诸如“锁链”或“列车”这样的词并不能恰当地描述意识最初所表现的状态。意识并不是被联结

> 起来的东西，它是流动的。“河”或“流”是对意识合适的比喻，这些词描述了意识最自然的状态。以后，我们在谈论意识时，可以将其称为思想流、意识流或主观生活流。
>
> 威廉 • 詹姆斯（1890 年）

詹姆斯一开始就与自由意志的概念进行了斗争。作为一个年轻人，他因决定论而陷入了深深的绝望，他认为这是进化论的必然结果。如果他在德国学习的有关心理学唯物主义的观点是正确的，那么，人类所做的一切都是神经生理学的必然结果，只是进化过程的某一次发展。也就是说，人类的行动没有自由，人类的生活没有选择、没有希望。他通过阅读法国哲学家查理斯 • 雷诺维叶（Charles Renouvier，1815 年—1903 年）的文章而走出了抑郁，这篇文章说服了他，使他认为在自己可以选择的范围内，他可以自由选择相信一种思想，而不相信另一种思想。

这一启发对他后来的心理学理论产生了重大影响。他确定了哪种想法是人类选择去注意的，认为这取决于人们的个性和采取的行动。我们采取的行动决定了自己的感受，这是违反直觉的，因为我们通常认为自己的行为源自感受。假如你看见一只熊在树林里向你靠近，你就会跑掉。你可能认为自己逃跑是因为害怕，但詹姆斯却认为你害怕是因为你逃跑了。你出于身体的本能从危险的熊身边跑开，大脑把逃跑视为恐惧的信号，所以你感到害怕。詹姆斯建议，你应该以自己希望获得的感觉来确定行动，这源于他相信我们的情绪能从行为中得到线索。因此，即使你很痛苦，但仍然要保持微笑，这最终会使你振作起来。20 世纪，由社会心理学家利昂 • 费斯廷格（Leon Festinger，1919 年—1989 年）和詹姆斯 • 莫雷尔 • 卡尔史密斯（James Merrill Carlsmith，1936 年—1984 年）进行的认知失调（详见第 6 章“成为你自己”的内容）实验似乎支持了詹姆斯的观点。

詹姆斯的理论颇具影响力，但他对实验不太感兴趣，所以他对发展方法学没有做出过多的贡献。

实用主义的兴起

詹姆斯在晚年对超心理学越来越感兴趣，并努力调整自己在哈佛大学的工作方向，转而关注灵魂现象。他原来的工作方向在雨果•穆恩斯特伯格（Hugo Münsterberg，1863 年—1916 年）那里获得了成功。这是一位出生于德国的心理学家，他完全不受詹姆斯后来在神秘主义、超心理学以及新兴的精神分析学研究的影响，他觉得这些方面不存在心理学，而认为心理学是一门非常实用的科学。事实上，他完全摒弃了无意识的部分，这一部分是精神分析以及詹姆斯对超心理学感兴趣的核心。穆恩斯特伯格主要关注心理学在现实世界的实践应用方面，开创了司法心理学领域（将心理学应用于犯罪的研究）和工业心理学（将心理学应用到工作场所）。

穆恩斯特伯格是第一个考虑如何将心理学应用到法律案件中的人。他认为对罪犯的残酷审讯不会产生有用的结果，因为它会导致犯罪嫌疑人给出不可靠的陈述。例如，他们可能会说审讯人员想听的但却不是真话，而仅仅是为了尽快结束审讯；他们可能是无辜的，说谎可能是因为其潜在的抑郁问题而寻求惩罚。他提出了一种设备的设计，它可以通过测量生理变化（如脉搏或呼吸速度的改变）来发现谎言，这一思路最终导致了测谎仪的出现。

功能主义时代的到来

美国哲学家和心理学家约翰•杜威（John Dewey，1859 年—1952 年）将功能主义和实用主义发展出了新的方向，他将自己这个版本的心理学称为“工具主义”。杜威首先是教师，然后是哲学家，他对心理学应用于教育产生了浓厚的兴趣。遵循詹姆斯的原则，他认为将意识分为阶段

是无效的，将行为划分为元素的过程也同样是无效的。他没有找到一种通用的研究感觉过程、大脑过程、运动过程这三部分反射活动的方法。他之所以没有找到有用的方法，是因为没有考虑到经验的综合性本质。他通过一个孩子碰到火焰、感到疼痛和缩回手的例子指出，这一顺序最重要的部分是孩子知道火焰会造成伤害，他们未来发生的行为被这一知识改变了。这是人们通常描述所忽略的结果，因为人们经常描述到“手缩回”这一结果后就停止了。

杜威认为经验的适应功能至关重要，就其帮助个体适应环境方面的作用而言，他认为应该用这种方式来看待所有的行为。适应是为了使有机体更适合生存。

> 潜意识的故事可以用一句话讲完：“什么也没有。”
>
> 雨果·穆恩斯特伯格（1909 年）

作为一名认为所有哲学和心理学都必须有实际应用的自由主义者，杜威支持妇女的选举权、自由民主、黑人权利、知识自由和进步教育。1937 年，他还主持了在墨西哥举行的杜威委员会会议，该委员会认定受到斯大林指控的列夫·托洛茨基（Leon Trotsky）无罪。

1906 年，詹姆斯·罗兰·安吉尔（James Rowland Angell，1869 年—1949 年）接替杜威成为美国心理协会主席。他说，功能心理学家对“作为强大的生物力量流的一部分的心智活动”感兴趣。因此，功能心理学家支持进化生物学的观点，他们看到心理过程有助于生物体适应并帮助其生存。大脑和身体是不可分割的整体，它们共同为生物体的生存而努力。功能主义与进化理论的强大联系，导致功能主义者们将动物行为和儿童心理研究作为有用的研究工具。他们保留了内省的方法，但却在心理学家的工具箱中添加了大量的实验技术。

适应性行为

美国心理学家哈维·卡尔（Harvey Carr，1873 年—1954 年）提出功能主义者研究行为方法的核心是“适应性行为”。它由三个部分组成：第一，动机起到刺激的作用（如口渴或逃避危险的需要）；第二，有特定的环境背景；第三，反应满足动机的需要。环境是重要的，因为它影响到我们的需要。我们在动物园里看到熊和在树林里散步时看到熊，两种情况完全不一样。生物体知道，这种行为曾经满足了自己的需要；当同样的需要出现时，机体将再次利用这种行为，因此该行为具有适应性，它帮助生物体用最小的努力来生存。

精神分析和精神动力学方法

在美国出现功能主义的同时，欧洲的一场新运动完全拒绝了客观的研究方法。在维也纳的一个诊室里，西格蒙德·弗洛伊德正在发展精神分析的理论，并把自己关于无意识的理论和早期经验如何决定性格的理论结合起来。弗洛伊德的方法开始于治疗，帮助患有精神疾病的病人，但很快就发展成一种关于心智结构和工作机制的理论。他的方法完全是主观的，涉及与个体的深入交谈或分析。他的理论主要基于案例研究，这种方法有明显的不足。他关于人类心灵的总体观点不仅来源于一个由相似人群组成的小样本（19 世纪维也纳的中产阶级公民），而且这些人还是感觉自己已经罹患精神疾病的病人群体。

精神分析不是唯一的心理动力学方法。阿尔弗雷德·阿德勒提出了一种方法，他将其称为“个体心理学”。和弗洛伊德一样，他相信行动和心理状态是由早期经验决定的。弗洛伊德把性和性冲动视为核心，阿德勒则认为“自卑情结”是决定成年人性格、问题和行为最重要的因素。所有精神分析的方法都属于高度决定论：让生命早期发生的事件及其影响为个人以后的生活中所发生的事情负责，从而抢走了个体的主动权。

不可分割的整体

19 世纪 90 年代和 20 世纪初，心理学以两种完全相反的方法——心理动力学派和功能主义学派（分别位于大西洋两岸）为主流。然后，几乎在同一时间，两场新的心理学运动出现了，且都以结构主义和功能主义存在的问题为出发点。其中一场运动是格式塔心理学，其名字来自德文“Gestalt”或者称作“整体”；另一场运动是行为主义。

格式塔心理学拒绝将意识、刺激和反应分解成构成要素的想法，以及拒绝不可避免地由此而导致的经验碎片化。完形学派认为这不是我们体验世界的方式，人们必须将体验到的、有意识的感觉作为一个统一的整体进行研究。我们并不是只要看到狗的不同部分将其组合起来，就能看到一条完整的狗，我们认识到的、看到的和听到的都是狗这个整体。完形学派关注的是现象，是整体的、具有体验性的、内部或外部的事件和行为。他们用实验的方法证明了这一点。

看见光明

一般认为，格式塔心理学起源于奥地利裔匈牙利心理学家马克斯·韦特海默于 1910 年在维也纳和莱茵兰之间的一次火车旅行。因为想到了知觉的本质特征，他在法兰克福下车，买了一个玩具频闪仪，这个玩具可以将静止的图像序列快速连续地闪现，给人留下运动图像的印象。他在法兰克福酒店的房间里进行了实验，探索感知到的以一定速度闪现的序列图片是如何让人产生运动的感觉，虽然真实的运动并未发生（即频闪运动）。

后来，在他的实验室里，韦特海默使用以不同速度亮暗的闪光灯设备进行实验。他发现，通过改变两盏交替闪烁的灯光的速度，可以让人产生一种一盏灯一直亮着、两盏灯闪烁着或灯光在两个点之间移动的感觉（最后，这种现象被称为“似动现象”）。那么，眼睛可能会说谎：我们感知到的未必是自己看到的。格式塔心理学的原理是从感知到的事件或经历开始自上而下地工作，以确定是什么产生了知觉、如何产生这些知觉；而不是从自下而上开始，收集那些被认为是感知或经验的组成部分，并与其建立联系。

韦特海默和德国心理学家库尔特·考夫卡（Kurt Koffka，1886 年—1941 年）、沃尔夫冈·科勒尔（Wolfgang Köhler，1887 年—1967 年）密切合作，首次进行了似动现象实验。这三个人经常被看作格式塔心理学的联合创始人。

圆圈和旋律

奥地利哲学家克里斯蒂娜·冯·埃伦费尔斯（Christian von Ehrenfels，1859 年—1932 年）讨论了我们的感官知觉因素和整个经验理解之间的关系。例如，他描述了我们体验旋律的方式是整体的，而不是只注意个别音符。如果旋律被转换成不同的音调，即使个别音符不同（同一个音也可以在不同的旋律中再次使用），我们仍然认为它是相同的旋律。他将其称为“整体品质”，这意味着存在某种“整体品质”的东西，而这种东西也在我们的感知行为中或多或少的存在。

韦特海默是埃伦费尔斯的学生，并受其启发。他进一步说道：“旋律带给我的东西不会在不同片段合成的次要过程中产生。相反，每个单独片段中发生的事情取决于整体。”所以，我们先听到旋律，然后再把它分成音符。他在视觉上也发现了一个例子。如果我们看到一个圆，我们首先把它看作一个圆，然后才注意到它是怎样构成的。我们会“立刻”看到一个圆，而不是通过将各部分合成的过程来完成这个圆。

格式塔间谍：有猴子，会旅行

1913 年，德国心理学家沃尔夫冈·科勒尔去了特内里费，在加那利群岛研究黑猩猩。他在那里待了 7 年。有人猜测，第一次世界大战期间，他在那里为德国人做间谍，这种猜测从他的两个孩子和帮他照顾实验动物的人那里得到了进一步的印证。据说，他用一台隐蔽的无线电通知德国海军有关皇家海军在该地区的任何活动。一旦海岸线变得清晰，德国船只就能进入该地区加油。不过，科勒尔确实在对黑猩猩进行正式的研究。然而，他对德国的贡献并没有阻止纳粹的崛起。自从他发声反对纳粹对犹太人的迫害后，为了安全，他于 1935 年离开德国，在美国生活和工作。

整体感知如何运作

韦特海默和完形学派提出的一种机制是：感官印象由大脑转化为整体感知。他们声称，大脑有预先存在的电化学场，这种电化学场会作用于感觉器官接收到的信息，其作用机制与磁场作用于铁粒子类似。心理活动场通过感官信息与大脑中的力场相互作用形成某种结构，就成为我们体验到的知觉。

精确定律

根据完形心理学理论，在环境允许的情况下，大脑对环境信息总是倾向于

一种简单、对称、组织良好的解释。完形心理学理论向人们展示了各种图像并询问他们看到了什么，这些都可以通过实验来证明。完形心理学学派发现，当我们看一幅图时，会试图以某种顺序认识这幅图。所以，如果我们看到右面这幅图，就会把它组织成一个重叠的三角形和正方形，但不会看到杂乱的线条和角。我们将其称为“髓”（“精确”）定律。这一定律引发了几个格式塔定律，解释了我们如何从明显的混乱中创造顺序来组织视知觉。

邻近法使我们将相近的物体看作一组。我们会将左图中的圆圈看作三组圆圈，每组 12 个圆圈，而不是 36 个离散的圆圈。

相似法使我们将相似的物体看作一组。我们会在右图中看到 3 排白色圆圈和 3 排黑色圆圈，而不是一个有 36 个圆圈的正方形。

对称法使我们将物理性质相似的物体看作一组。所以，我们会将下面这些图看作 3 组对称的括号，而不是 6 个独立的括号或两个单独的括号和两对不匹配的括号。

[ ] { } [ ]

我们使用过去的经验可以超越其他法则。过去的经验就是利用我们已经知道的东西来帮助我们解释自己看到的东西。如果我们正在阅读文本，遇到“OO”，我们可能会把它理解为两个字母“o”；但是如果我们在看一页数字，我们更可能把它看作两个零的数字。

共同命运法使我们往同一个方向移动，就像左图中的鸟一样。

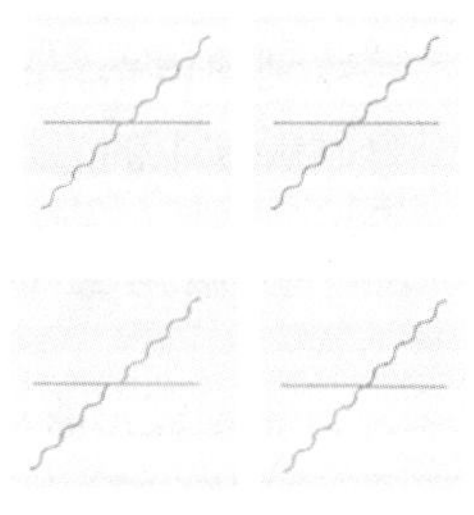

连续性法使你把右图看成是两条线交叉，而不是四条线相遇。

闭合法使我们看到完整的、预期的形状。因此，我们把这些图形看作一个轮廓破碎的圆，而不是一系列曲线。

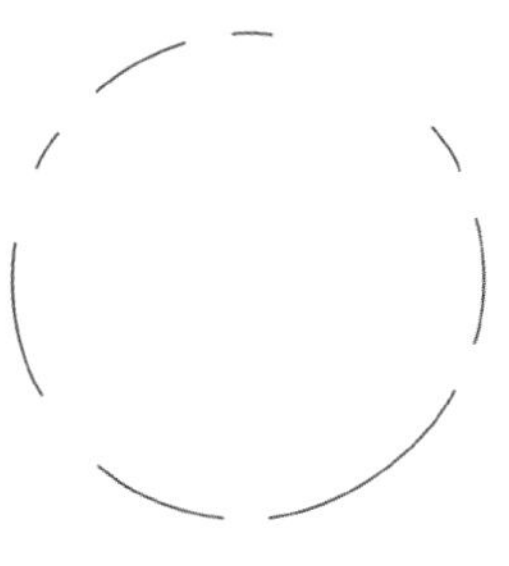

格式塔法则认为，如果线条和形状能组成一个简单、规则、简洁的物体，我们就将这些图形和线条整合起来进行感知。我们会把本节的第一个图形看作重叠的正方形和三角形，而不是不规则的八边形。

我们的大脑怎样从我们所看到的事物中创造意义和潜在的原则，用格式塔的术语来说，这被称作“主观轮廓”“浮现”“多稳定性”和“恒常性”。

- 主观轮廓倾向于看到一个能识别的对象，即使它并不是真的存在。例如，我们倾向于看到这些图片呈现的是一个完整的形状——一个白色的三角形，而不是三个一部分被切除的黑色圆圈。

- 浮现指的是倾向于在抽象的线条或形状模式中看到可识别的图像。例如，你可能会在图片中看到一只斑点狗。

一旦你认出了图中的狗，你就很难“看不见”它。这也是我们有时会在烤面包、茶点心、云或咖啡的泡沫中看到的耶稣基督的背后原因。

- 多稳定性产生于图像前景和背景的混淆。当画面的一部分可能是前景或背景时，我们的思维就会在两者之间疯狂地切换，就像这幅著名的鲁宾花瓶图一样，这是一个花瓶还是两张脸？

- 恒常性是我们识别同一个物体的能力，即使这个物体被旋转、倒置、远距离观察、投射阴影或以其他方式改变了，它都能被我们认出来。

格式塔心理学并不关心如何解释这些感知特征产生的原因，而只是认识到它们的作用，我们认识这些作用就决定了应该怎样感知世界。

1935 年，德国纳粹执政，阻止了格式塔心理学派的运动，该学派所有的主要人物都离开了德国，前往美国。格式塔心理学于是不再作为一个学派独立存在，但是它们的许多思想都被其他心理学派所吸收。

人的行为

1913 年，在韦特海默开始研究格式塔之路后的同一年，约翰·华生在大西洋的另一边作为一名行为主义者出现了。在一场颇具影响力、名为《行为主义者眼中的心理学》的演讲中，他完全公开了自己的行为主义倾向。以前，由于他的思想遭到批评而使他退缩了。而在 1913 年的演讲中，他没有退缩，行为主义的观点在这里留下了印记。在开场白中，他开始了自己的论述：

行为主义者眼中的心理学是纯粹的自然科学的一个客观实验分支，其理论目标是对行为进行预测和控制。内省并不是心理学方法的基本部分，其研究结果也不具有科学价值，因为其数据依赖于个体根据意识进行解释的准备程度。行为主义者在努力获得动物的反应，并发现在人类和动物的行为反应之间并没有一条明显的分界线。人类的行为虽然细致而复杂，但仅仅构成了一个行为主义者研究调查方案的一部分。

行为主义者拒绝研究大脑内部发生的无法观察到的事件。事实上，许多激进的行为主义者否认“心智”这一概念的有效性，他们认为心智根本就不存在。华生倾向于副现象论的观点（精神事件是生理过程的副产品，它对身体没有影响）。后来，他主张身体一元论，但是在陈述时又并不确定：

人们从未见过、触摸过、闻过、尝过（意识）或因此而感动过。这是一种简单的假设，就像未曾被证实的旧观念“灵魂”一样。

行为主义者只是单纯地通过可以观察和测量的指标——行为来研究人类的经验和心理特征。

约翰·华生

华生出生在美国南卡罗来纳州，有一位虔诚的宗教信徒母亲和酗酒的父亲。他不同寻常的中间名是为了纪念一位浸礼会牧师。他母亲有狂热的宗教情节，因此，他强烈谴责吸烟、喝酒和跳舞的行为，并对宗教产生了持久的仇恨。当华生 13 岁时，他的父亲离开了家，和两个切罗基女人生活在一起。

华生刚开始时并不是一个好学生。他被描述为懒惰的和不听话的，他在学校里被逮捕了两次（一次是因为和黑人打架，另一次是因为在公共场所开枪）。尽管如此，他利用母亲的关系得以进入福尔曼大学学习，并顺利毕业。

在学校当了一年的看门人后，他去了芝加哥的大学学习哲学，师从约翰·杜威。他通过研究白鼠的生活过程而获得了博士学位。1909 年，他接替詹姆斯·鲍德温（James Baldwin）成为《心理评论》（*Psychological Review*）的编辑，前者因为在妓院被捕后被解雇。华生利用该职位发表了自己的行为主义观点。具有讽刺意味的是，1920 年，华生失去了自己在约翰·霍普金斯大学的教职，因为他与自己的研究生兼助手罗莎莉·雷纳（Rosalie Rayner）有染。华生和妻子离婚，和雷纳结婚了。但他们的幸福也很短暂，因为雷纳 36 岁就早逝了。

在被迫离开学术界之后，华生开创了自己在广告界的职业生涯。他从最底层做起，刚开始的职位是由铁钦纳提供的，但

后来他获得了巨大的成功。他将自己具备的关于人类行为和心理的大量知识运用到工作中，这也是心理学第一次被运用于广告。两年内，他成为智威汤逊公司（现在的 JWT）的副总裁。他继续出版书籍，虽然这些书主要是在大众媒体上出版；或者为外行的读者写书，主要撰写关于儿童保育方面的书籍。他由于“小阿尔伯特”的实验而声名远扬，他认为自己的育儿方法应该被做成一个类似的商业计划，而不该受到父母和孩子之间感情的影响。

行为主义并没有马上流行。它代表了心理学思想和方法的重大转变，因此需要一段时间才能发生变化。但变化一旦发生，它就在 20 世纪的大部分时间里占据心理学的主流。40 年来，它在大部分最具影响力的学校里未受挑战。20 世纪，心理学界许多最著名的和最具开创性的实验都是行为主义者们做的。

华生的观点源于对巴甫洛夫实验的兴趣，该实验用狗作为实验动物进行经典条件反射的研究。华生以本能、反应和条件作为出发点，并着手解释该模型中所有的人类行为。因此，他花了很多时间研究孩子，孩子们的本能表现最容易被观察到，儿童生命早期不会受到丰富的经验和学习的影响。他和其他行为主义者［如爱德华·桑代克（Edward Thorndike，1874 年—1949 年）、爱德华·托尔曼和 B.F. 斯金纳］也以动物作为研究对象做了很多有价值的工作。

流口水

1903 年，俄国科学家伊万·巴甫洛夫（Ivan Pavlov，1849 年—1936 年）以狗作为研究对象，发现了经典的条件反射。巴甫洛夫对反射活动的初步研究发现，肉的气味和味道会使狗分泌唾液和胃液，于是他开始训练狗暴露于某些刺激时（如铃

声、节拍器或者吹口哨等）会期望出现食物。一旦狗将声音和食物联系起来时，即使食物并未出现，它们在听到声音时就会分泌唾液。他将这种现象称为条件反射（现在通常称为条件反应）。他对孩子进行了类似的实验，而现在做这样的实验会被认为非常不道德。

比较心理学

行为主义者首次使用动物进行广泛的心理学研究。如果仅仅依靠内省的方法（像结构主义和功能主义学派那样），动物们显然不是合适的被试；而对行为主义者而言，它们做被试则非常理想。被试不可能改变自己的行为以取悦或打击研究人员，这样，研究人员就不可能不公正地影响行为，寻找显性行为背后发生的心理事件也就不是一种诱惑了。许多行为主义者（包括华生）都曾研究过白鼠（因为它们很聪明、个头小，很容易饲养，也能很快成熟，因此是研究人员最喜欢的实验动物）。爱德华·桑代克曾研究过猫；爱德华·托尔曼曾研究过老鼠；斯金纳曾研究过老鼠和鸽子。

> 应该指出的是，老鼠生活在笼子里。它们不会在实验的前一天晚上去狂欢；它们不会互相厮杀；它们不会参加任何阶级冲突和种族冲突；它们不会忙于写政治、经济学和心理学论文；它们是了不起的、纯粹的和愉快的。
>
> 爱德华·托尔曼（1945 年）

有目的的行为

在华生的方法中，完全没有“有目的的行为”这一部分。1920 年，一位英国出生的心理学家威廉·麦独孤（William McDougall，1871 年—1938 年）成为了哈佛心理学会主席，他主要关注有目的的行为。对华生来说，关注反射行为、忽视或否认思想，这些都很容易。但是，由于行为是由个体发起的，而不是对可识别刺激的反应，因此人们很难在不考虑心智过程的情况下去解释一种行为。麦独孤区分了以下有目的的行为：

- 行为目标导向；
- 不是由环境刺激导致的行为；
- 变化——我们会尝试不同的达到目标的方法；
- 持续——行为过程将会持续，除非环境刺激停止或者目标已经达成；
- 提高——通过试误和练习达成目标之后，我们会变得更好。

除了外部的刺激会诱发反射行为，麦独孤认为本能动机是有目的行为的背后驱动力。本能最简单的形式可能是饥饿激发了生物寻找食物。一种本能会产生感知上的变化（如饥饿时注意食物）、行为上的变化（获取食物或寻找食物）和情绪上的变化（与获取食物有关的事件会激发积极情绪，如去餐馆的建议）。然而，大多数时候，本能并不单独起作用，而是结合多重因素共同起作用的。与一个想法相关的两种或多种本能形成了情感。人的本能清单包括逃避、排斥、交配、好奇、寻求食物、笑声、父母保护和战斗等。

华生拒绝将本能作为人类心理的一部分，认为所有的学习都可以通过联结来解释，这种解释是经典条件反射的核心（巴甫洛夫所提出的），与麦独孤以本能为核心的模型意见向左。华生认为学习就是基于强化，一些在达成目标方面获得成功的行为会被重复。1929年，麦独孤和华生在华盛顿举行了一场著名的辩论，双方都有力地阐述了各自的观点。最后，麦独孤指出华生的模型无法解释听小提琴演奏带来的乐趣，而以微弱的优势险胜。

我来到这个大厅，看到一个男人在平台上用来自马尾的鬃毛刮一只‘猫’；而且，他全神贯注地默默坐着，台下 1000 多名观众爆发出狂热的掌声。行为主义者将如何解释这些奇怪的事件？常识和心理学一致接受的解释是：观众在津津有味地听音乐。但行为主义者对任何愉快和痛苦或钦佩和感激的情绪都不了解。他们把所有这些‘抽象的实体’都降到了尘埃里，我们必须寻求其他的解释。让我们离开他们去寻找解释吧。这种搜索将花费几个世纪之久，我们也不一定能找到答案。

威廉・麦独孤（1929 年）

更多的行为主义

华生是一个彻底的实证主义者，他相信客观的数据是唯一有效可靠的科学目标。他还希望心理学能对行为做出预测，并提出控制行为的方法（他的广告生涯显示出自己对该行动的兴趣）。这两个目标并不完全一致，因为他对观察到的行为没有做出任何解释，那他是如何使用它们进行预测的呢？对于华生来说，唯一的可能性是用经典条件作用来解释。

另一个答案则是因为行为主义的观点一般来自逻辑实证主义。经过其后行为主义者［如美国人爱德华・托尔曼、克拉克・莱昂纳多・赫尔（Clark Leonard Hull，1884 年—1952 年）以及 B.F. 斯金纳］的改良。最后，行为主义可以脱离来自华生的那些原子化的、离散的、微观的行为研究，行为主义指的是能包含整体的行为，如下面的行为（托尔曼的话）：“一个男人驾车回家吃晚饭，或者一个孩子躲着陌生人。”

逻辑实证主义

实证主义教导我们必须依靠经验证据。几个世纪以来，它一直是科学的核心，但到了 20 世纪初，它开始被质疑，人们再也不能仅仅通过直接观察到的现象来解释一切。在科学的发展中（如对原子结构或磁性结构的描述），如果不是因为这样的想法就无法取得进展，人们可以采用一些暂时不能直接显示的证据。20 世纪 20 年代中期，一群哲学家在维也纳召开会议以寻求解决办法，奥地利哲学家赫伯特•费格尔（Herbert Feigl，1902 年—1988 年）将此命名为"逻辑实证主义"，他允许人们提出理论术语，只要这些术语可以用严谨的逻辑与经验证据相联系。

认知回来了

最终，托尔曼接受了行为和认知这些心理过程，将它们重新定义为环境事件和行为之间的中介变量，使其回到行为主义的阵营中。环境中的事件（自变量）会引起一些内部的心理事件（中介变量），从而产生可观察的行为（因变量）。由于人们对这些内部事件进行了完整的逻辑定义，使其与可观察的行为发生联系，因此可以允许产生内部事件。

托尔曼将目的和认知纳入自己的模型，从华生所倡导的行为主义模型发展为 20 世纪后期发展起来的认知学派。不幸的是，他的理论引入了如此复杂且众多的中介变量，但在强大的计算机出现之前的时代，他不可能处理所有的信息。在普及认知行为疗法（CBT）的过程中，托尔曼产生的影响一直在持续，该疗法至少部分发展自其关于有目的的行为和认知结构的模型中。

驱力理论

行为主义的另一个发展方向来自克拉克•莱昂纳多•赫尔，他也将行为主义带入了认知方向。赫尔认为强化是学习的关键。在他的模型中，生物需要创造驱力，任何减少驱力的行为都会得到强化。所以，如果你太热了，并且有一种想要凉快的生理冲动，而你把套头衫脱掉就可以变凉快，那么你将学会在感觉热的时候脱掉套头衫。这种反复强化会形成习惯。它类似于托尔曼模型中刺激和行为之间的中介变量，但在这种情况下，中介变量是生理因素（生物驱动），而不是精神因素。

潜在学习

托尔曼认为驱力总是必然导致主动学习。他对老鼠的行为研究使他得出这样的结论：我们总是在学习，但在需要出现之前，这种学习是潜在的。就实验所用的老鼠而言，不管它们是否需要，它们都能学会走迷宫。如果它们被放在迷宫的时候就已经吃饱了，它们会注意到食物在哪，但并不马上去吃。如果在它们饿的时候将其放到迷宫里，它们会直接去吃食物，因为它们已经知道食物在哪里。

托尔曼提出，老鼠通过精神的试误和在大脑中画出建筑物的方式，对其周围的世界建立了认知地图。当一个假设被证实时，认知地图就变得更加稳固，最终成为一种信念。他强调学习刺激之间的联系，而不是一个 S–R（刺激–反应）的联结，他的理论被称为 S1–S2 理论。

回到行为

斯金纳是最著名的行为主义者以及 20 世纪最重要的心理学家之一。他回到华生的立场，拒绝关注任何心理事件，甚至拒绝将其作为某种中介变量。他认为只要坚持对环境和行为进行功能分析，就不会丢失任何东西。而该观点的争议在于，如果存在任何不易获得的心理事件，我们就很难通过思考来获取它们。他认为在科学中没有“自我”以及任何可能发生的精神事件的位置。

> 主观经验的科学与行为科学的关系，不会比人们对火的感觉与燃烧的科学之间的关系更为密切。
>
> B.F. 斯金纳（1974 年）

斯金纳也以老鼠作为实验对象，研究它们对刺激反应的学习。他用特制的盒子让老鼠尝试各种刺激，并确定它们如何才能学习得最好。斯金纳认为，行为主义应该为社会产生实际效用，并基于自己对老鼠进行实验的成果提出了教育建议。此外，他促使行为改造成为一种治疗方式，治疗那些有不良行为（如成瘾行为、恐惧症、社交障碍等）的人。他认为，具有不良行为的人曾经在这些行为上获得了某种形式的强化，为了改变他们的行为，必须强化替代行为。

倡导人本

行为主义者通过动物实验进行了大量的研究。动物的学习和人类的学习类似，都可以归结到生物过程，这是行为主义的核心信条。因为行为主义者不关心任何心理事件，他们一般否认心理事件的存在，这往往很容易，而且对动物做实验比对人做实验更加有效。而 20 世纪后半叶出现的两个心理学流派并不支持这一观点，它们各自关注人类精神世界的两个方面：人类的认知和心理结构。

人本主义心理学开始探讨这样的问题，如我们如何看待和塑造自己、我们如何发现生命的意义、我们的动力以及成为一个人的意义等。这类问题涉及动机、个人成长、目标和自我。显然，猫、老鼠和鸽子的迷宫类游戏不会对解决这类问题有什么帮助。

心理学的人本主义方法来自于亚伯拉罕·马斯洛的论著。马斯洛出生在纽约，他痛恨自己的母亲，作为 7 个孩子中最小的一个，他的生活开始就注定非常艰难。小时候，他被认为精神状态不稳定，并遭受了反犹太主义者的欺凌。他和弗洛伊德的早期同事阿尔弗雷德·阿德勒一起工作了一段时间，这段经历使他决心专注于心理健康工作，不去探究心理障碍，而是去探究让生活更快乐的方式。尽管如此，他并不完全反对阿德勒的做法，因为马斯洛就像在他之前的弗洛伊德和阿德勒一样关注个人的经历和个人的解释。他着手于发现个人力量和成就的来源，并研究了激励人们正常生活的动力。他的研究中最著名的是其需求层次理论，这一理论至今仍经常在管理心理学中提到；他还提出了“自我实现”（详见第 6 章“成为你自己”的内容）以及“高峰体验”的概念。

人本主义学派的创始人之一、马斯洛的美国同行卡尔·罗杰斯（Carl Rogers，1902 年—1987 年）完全拒绝经验主义的科学方法。相反，他们都使用定性和主观的方法，如看传记和自传描述以及进行开放式问卷调查、无结构访谈、观察、案例研究等。他们的目标是从成功的人身上发现其究竟是如何成功的。马斯洛和罗杰斯专注于个人的经验，并且发现个体主观体验中蕴含的丰富信息，这些用严谨的科学方法是不可能做到的。我们将在第 6 章中看到他们更多的工作：是什么让你成为“你”？

认知方法

认知心理学是 20 世纪的第二种实验方法：拒绝动物实验的方法。这种方法包含一个很大的范畴，它将心理学定义为有关认知和思想的活动，即使行为主义的潮流已经对这些内容忽视了几十年。现代认知心理学除了使用主流心理学的传统方法外，还采取了一系列包括信息加工、控制论、语言学和神经学等方法。因此，尽管许多认知心理学研究都是以人作为被试通过实验室或实地实验进行的，但人们也会在研究中广泛地使用计算机技术。

认知实验中的几个问题

除非人们只看行为，完全不关注认知背景，否则，以人为被试的实验总带有一些混乱的和主观性的成分。过去，研究人员告诉被试，实验会测试或观察他们的某个方面；而实际上，研究人员对他们的另一个不同方面感兴趣，这种做法很常见。这样的做法会让被试放下防卫。被试会格外注意自己认为研究者会观察的那个方面，因此有意调整自己的行为，而在其他方面表现得更自然，其中就包括研究人员希望对其观察研究的那个方面。

例如，邀请一组志愿者到某个房间完成一份书面的智力测验。当被试正在进行测验时，有人偷走了其中一个人的钱包。这些志愿者们认为自己是来做测验的，而事实上，研究人员正在研究他们对明显的偷窃行为的反应。

认知心理学是一个非常多样化的领域，我们可以通过之后进行的各种研究来更多地了解这一领域。

社会心理学

20 世纪，心理学的另一个重要发展就是社会心理学，它着眼于人们在群体中的行为方式（因此与他人有关）。这门学科在第二次世界大战后发展起来，心理学家开始对人们对权力的态度感兴趣。心理学的一些最著名的研究都是这一流派的推崇者进行的，包括斯坦利•米尔格拉姆的服从研究（详见第 7 章“跟随大众”的内容）和菲利普•津巴多（Philip Zimbardo）的研究：如果拥有自由，囚犯和狱警会有什么行为（详见第 7 章“我们是好是坏”的内容）。

许多社会心理学实验都是实地实验，但并非所有情境都能在现实世界中发生或上演。例如，津巴多的实验就不可能在一个真实的监狱里进行观察，因为狱警的行为受到法律的约束。显然，实验室中的实验缺乏某种真实性，而且人们总是对这样的结果扩展到实验室以外的正常情况中的可能性存有疑问。另一方面，实地研究不允许研究人员完全控制变量。

一个例子说明了这一点。1968 年，欧文（Irving）和简•彼莱文（Jane Piliavin）开始调查旁观者面对急救情况的行为。研究人员雇用的演员登上拥挤的纽约地铁列车，并假装出现突发状况。研究人员也在旁观人员中进行观察，并研究了乘客的反应。他们雇用了不同的“受害者”和使用不同的方法重复这个实验。第一组实验的受害者是白人，第二组实验的受害者是黑人，但他们穿着相同。每个受害者要么假装喝醉，要么保持清醒，都拿着拐杖（暗示残疾）。这些是研究人员可以控制的变量。他们没有控制可能的“混淆变量”，例如当时有多少人会出现在火车车厢里，以及他们在整个社会中有多大的代表性。

研究人员对提供帮助的速度、帮助的人的性别和种族概况以及提供帮助的频率都很感兴趣。他们发现，男性比女性有更多的帮助行为，醉酒者得到的帮助比残疾者要少（比率接近 50%:95%）。研究人员得出结论：在这种情境下，人们会下意识地进行成本 / 收益评估，平衡自己帮助他人的成本（也许是厌恶、尴尬、被攻击的风险或被呕吐物弄脏）和预期获得的回报（被赞扬、不必担心之后发生的事）。他们发现，与其他研究不同的是，车厢里的人数并没有影响到人们乐于助人的程度。一般来说，旁观者效应意味着，如果有其他人在场，人们就不太可能提供帮助，由于责任分散，人们更容易认为“这不是我的责任”（详见第 7 章“跟随大众”的内容）。

选择和组合

自 20 世纪末以来，心理学不再被任何一个特定流派所主宰，它更倾向于方法的折中和混合，让各种方法友好共存。因此，它采用了过去已经使用过的一些实验方法，但也采用了以前没有的技术和一些新方法。

例如，人们可以通过功能性核磁共振成像（fMRI）扫描仪来观察大脑功能的区域，当接受特定刺激或进行某种活动时，人们可以观察到大脑的哪一部分在起作用。脑部扫描也可以用来比较大脑的不同结构。例如，与非精神病患者的大脑相比，精神病患者的大脑具有鲜明的特点；或与对照组相比，出租车司机的大脑具有高度发达的导航知识。

此外，心理学是一门越来越交叉的学科，有越来越多的学科研究方法和研究结果被应用于心理学，包括治疗学、教育学、管理学、市场学、社会学、计算学、社会工程学和政治学。现在，心理学的起点和终点究竟在哪里，已经变得很难说清。

路线大师

2000 年，伦敦大学学院的埃里诺 • 马奎尔（Eleanor Maguire）利用核磁共振成像（MRI）研究了伦敦出租车司机的大脑。她将其大脑扫描结果与其年龄和外形相似的对照组进行了比较。她注意到，出租车司机的海马后部明显比对照组更大。大脑的这一区域在导航和空间意识方面起到很重要的作用。要想具有当伦敦的出租车司机的资格，这些司机必须花费 4 年时间穿过 25 000 个伦敦街头来了解伦敦的街道路线（这一过程被称为“知识”习得），所以他们的海马获得了更多的锻炼。她得出了结论，大脑的这一部分可以在使用中得到扩张，就像锻炼肌肉一样。出租车司机的前海马比对照组小，表明这部分会缩小来为海马后部的扩张腾出空间。她发现，男性从事出租车司机的时间越长，他们的大脑与对照组的差异就越明显。在一项后续研究中，她调查了退休的出租车司机，发现当他们的海马后部不再被广泛使用时，其尺寸又缩小了。当出租车司机用计算机模拟驾驶时，她用核磁共振成像扫描仪检查了他们的大脑，发现当驾驶员在考虑路线时，其海马处于活动状态。与找到用于导航的大脑功能区域同样重要的是，她发现即使是完全成熟的成年人，其大脑仍然可以适应和成长。

THE STORY OF PSYCHOLOGY

第4章

我们怎么知道

知识是先天的还是后天习得的

> 灵魂在看和听，而眼睛和耳朵并没有这样做，它们只是心灵的窗户。灵魂通过这种方式无法感知任何事物，除非它在现场发挥作用。
>
> 罗马哲学家西塞罗（Cicero，公元前 106 年—公元前 43 年），《图斯库勒论辩》（*The Tusculan Pribor Disputation*，公元前 45 年）

大脑的主要功能之一就是了解事物。我们如何获得知识，这一问题让哲学家和心理学家们思考了几千年。我们在出生时有几种大脑模型（详见第 5 章“心智的建构”的内容），但无论起始点是什么，我们都需要用新知识来填充大脑。当我们学习时，大脑里发生了什么？我们如何“了解”事物并储存知识？我们如何选择需要记忆的信息？我们以后怎么回忆？为什么我们会忘记一些东西，但似乎却忘不了那些我们宁愿忘记的伤痛？

认知的方式

实证和经验知识

英国哲学家大卫•休谟认为，只有两种有效的知识类型，即“实证性”和“经验性”知识。实证性知识是抽象的，它产生于想象和理性，通过把与现实世界不一定有任何关联的想法汇集起来而起作用。数学和其他理论知识属于这一范畴。经验性知识则是建立在经验基础之上的，它更加可靠和有用。他认为“诡辩和幻想”的知识包括所有的宗教和形而上学。

按照休谟的模型，我们可以通过以下两种方式之一来建立知识系统，这个系统可以涉及外部世界，也可以是完全内部的世界。如果你看到一条狗在街上走，新的知识——“有条狗在街上行走”就涉及加工你所感知到的有关世界的信息。这一过程具有经验性。然而，如果你只是在想自己是否喜欢狗，你就在和自己已经形成的想法一起工作，这是一个完全内在的过程。这种知识具有实证性。哲学家们对不同来源的知识具有的相对可靠性持有不同的看法。

理性主义与经验主义

实证主义与经验主义知识与众多不同的学派有关，并可以追溯到古希腊学派：经验主义和理性主义。经验主义在知识构建上强调来自外部世界的证据。亚里士多德支持这一观点，只考虑我们可以用自己的感官测试的信息，这些信息可以成为推理和知识的坚实基础。相反，理性主义者认为，理智提供知识。柏拉图是一名理性主义者，他认为我们的感官不能完美地理解现实，因此感觉印象不是知识的可靠基础。相反，作为人类最高和最杰出的能力，理性是获得安全知识的唯一途径。

16 世纪末和 17 世纪初，经验主义和理性主义各有一位伟大的发言人，他们为未来几个世纪将会开展的辩论定下了条件。经验主义的代表人物是英国哲学家和科学家弗朗西斯·培根，他不信任推理，认为唯一可靠的知识是基于对真实世界的观察。因为我们只能通过感官感知真实世界，感官认识才是理解的关键。在他看来，人们倾向于坚持自己已经拥有的想法和偏见，这些偏见在个体进行理论思考时会影响感知。人们也倾向于争论词语的意义而不是现象的实际本质。他认为所有有效的知识都可以用经验观察来证实，其观点后来被称为“实证主义”。

另一方面，法国哲学家勒内·笛卡尔支持理性。他无法相信自己对外部世界的感知，因此他决定，如果他开始对世界进行认知，他将逐步建立一套不依赖于感觉的可靠的知识体系，所以他是一个“理性主义者”。笛卡尔的影响是如此之大，以至于 18 世纪大多数欧洲哲学家都站在自己的立场上来回答、支持或挑战笛卡尔的哲学。

感知是真实的，但感知到的是什么呢

休谟是最重要的英国经验主义者，他声称，我们创造的全部知识就是感知，除了我们的感官经验，我们对任何事物的存在都没有信心。我们无法回答感知到的是否是现实这一问题。他不是唯一一个这样认为的人，公元 5 世纪的智者也说过，一些类似知识的事物并不存在。德国心理学家弗兰兹·布伦塔诺（Franz Brentano，1838 年—1917 年）声称，虽然我们可以绝对肯定自己的看法（我们可以肯定自己听到一个音调或看到一个球），但却根本无法确定自己的感知是否与外在世界的任何事物有关。休谟将听到或看到的事实称为内部知觉，他认为感官知觉（似乎是外部世界的感觉）只能给我们关于“外面”有什么的理论，而并不是事实。

常识

有人肯定会这么说，但是和休谟同时代的托马斯·里德（Thomas Reid）却已经这么做了。不管休谟是否理性地相信自己的感官信息，里德说，常识告诉我们，我们都依赖于自己的感官来度过一生；对于任何人（甚至休谟）来说，只能相信感官，否则将会导致他们“被关进疯人院”。事实上，里德根本不相信我们需要理性地解释自己的感官证据，我们只是直接感知事物，并没有对感觉进行加工。他提出了如下支持该观点的证据，儿童（实际上还有许多成年人）没有推理能力，如果用复杂的推理来理解我们的感知，那他们将无法从感官中获益，也无法生活。

伊曼努尔·康德是最重要的和最具影响力的哲学家之一，

他同意休谟关于感官不可靠的观点。他声称，构成外部现实事物（即“物自身”）的是“在外部的”本体。他认为，我们对它们一无所知，因为我们通过自己的感官来介导对它们的所知。我们知道的只是某种现象，这是一种本体的表象，因为我们的感知和思想范畴会对其进行修改。康德与休谟最重要的区别就是其思想范畴不同，我们在第 5 章“心智的建构”中将对此有更多的介绍。

感觉和知觉

无论是否可靠，我们的感官都是人类与外部世界（如果有的话）交流的媒介，它们就像里德所说的，我们必须继续进行下去。我们与外界的心理互动以及自己身体的世界都是通过感觉和知觉发生的，两者紧密相联，但又彼此分离。感觉是通过视觉、听觉、触觉和味觉以及其他一些感觉机制（如感到痛苦或感觉热等身体感觉）来获得感受的过程。知觉是理解感官信息并产生意义的行为。当心理学家不对二者进行区分时，常常会使用复合词“感知”将二者放在一起。

回到鬼魂和机器

为了让感觉产生知觉，我们必须假设身体和心灵能互相进行沟通，或者认为它们是同一事物。假设你割破了手指，会有不同程度的反应。

- **你的手指流血**。这是一种机械反应，遵循物质和流体动力学定律。这与你切一根正在抽水的水管的道理是一样的。

- **你感到痛苦**。这是身心的共同事件，需要身心协同合作。疼痛开始于对神经的刺激，这是一种感觉。在大脑中，这种感觉被理解为疼痛。

• **你可能也会感到愤怒、震惊或其他与受伤有关的情绪。**这些情绪是通过联想在大脑中发生的，而并不是来自伤口对神经的刺激。

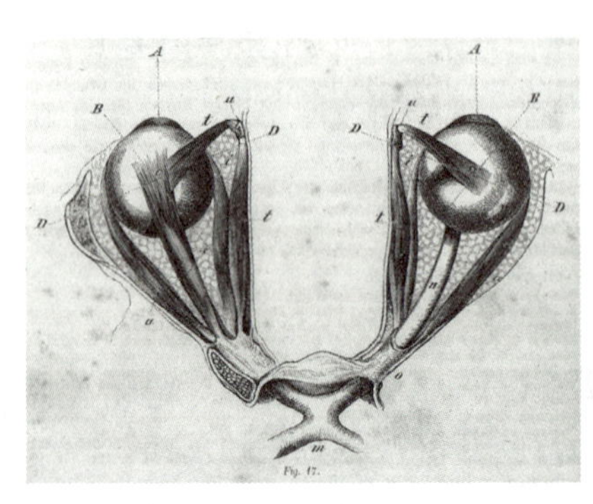

希腊医生阿尔克迈翁（Alcmaeon of Croton，公元前 5 世纪）可能是解剖人体的第一人。他通过在人或动物身上追踪从眼睛到大脑的视觉神经，从而发现了感觉和大脑之间的联系。他在动物身上研究了视神经的功能，并检验其结果。他得出了结论：即使源信息来自于感觉器官，但所有的知觉、思想、记忆和理解过程都是在大脑中进行的。我们认同阿尔克迈翁的观点，但在他提出这一观点后漫长的时间里，许多思想家也提出了不同的过程。

古希腊哲学家伊壁鸠鲁是一个物理一元论者，他认为心灵是分布在整个身体中的极细的物质，因此身体和心灵是一种聚合体。感觉和知觉的行为都有可能存在，因为心灵分布在身体的各个部分并与其结合，心灵很容易与身体同感。

罗马哲学家卢克莱修（Lucretius，公元前 99 年—公元前 55 年）认为人的灵魂是分开的，它分为思维部分（男性特征）和感觉部分（女性特征）。他说，思维部分位于胸部，但感觉部分分布在整个身体。男性特征可以脱离身体，但女性特征却不行。在强烈的情感下，二者都是不可分割的。

对于斯多葛学派来说，身体和心灵之间的共鸣足以证明身体和心灵是一回事。

> 灵魂与身体并没有交流，也没有一个有灵魂的身体，只有一个身体与另一个身体的交流。现在，当身体生病和受伤时，灵魂会与身体交流，即是一个有灵魂的身体。因此，当灵魂感到羞耻或者害怕时，身体就会变红和变白。因此，灵魂就是身体。
>
> 基督教哲学家内梅修斯（Nemesius，公元 390 年）

关于人类的认识

1689 年，英国医生和哲学家约翰·洛克（John Locke，1632 年—1704 年）出版的一本书开启了现代经验主义的先河，这本书可能被认为是关于心理学的第一个完整的文本。《人类理解论》（*An Essay Concerning Human Understanding*）阐述了心智是如何工作的，这是一项雄心勃勃的事业，该书对乔治·贝克莱主教和大卫·休谟有着巨大的影响。

我们接收到的物质——原子

希腊科学家、哲学家德谟克里特斯（Democritus，公元前 460 年—公元前 370 年）首次提出了一个关于知觉的、完整的物理学解释。他没有求助于神，而是这样描述身体对知觉的影响：身体的 5 种感觉接收到从宇宙中发射的“原子”，并将其传递给大脑。在这里，大脑的移动“火原子”可以复制外部事物。这些复制可能并不准确，因此我们感知到的和实际存在的事物可能会错配。

洛克是第一个详细提出我们是如何建构知识的人。他认为心灵只有两类材料可以使用，因此所有的知识都来自于感觉或反射。感官知觉是指通过我们的感官器官（如眼睛和耳朵）接收到的信息；他对反射的解释是“这是我们对自己内心运作的感知，我们运用反射来处理自己已经有的想法”。人们用反射来解释早期的知觉，而这些知觉也来自于感觉，最终都将其归结为感觉。那么，世界与心灵之间的交互界面就是知觉。我们通过在不同想法之间建立联系来形成知识，而联想法则是由大脑中留下的感觉和知觉信息组成的想法。因此，我们对产生的知觉进行整理归类对于理解如何获得知识来说十分重要（有两种类型的“感觉”：一种是对感觉器官中神经的刺激；另一种是知觉在大脑中的回声，这些知觉的回声会由于反射而在之后的知觉中再次恢复）。

知觉和统觉

戈特弗里德·莱布尼茨感兴趣的是每种知觉是如何由许多无限小的知觉组成的，他称其为“微小知觉”。莱布尼茨和艾萨克·牛顿各自独立地创建了微积分，并因此而闻名。他对知觉的观点也符合自己提出的微积分的观点，其中涉及趋向无穷小却从未接近零的微观部分。

莱布尼茨举了一个“微小知觉”的例子：听海浪声。他指出，我们听到的声音是由许多小的水流运动组成的，如果有些小的运动单独发生，我们根本就意识不到它们。我们之所以能意识到它们，是由于它们联合起来，使我们能够听到大海的声音。对他来说，有足够数量的微小知觉质量被注意到，这被称为“统觉”，所以统觉是意识的起点。知觉也有一个临界值或“阈值”，低于阈值的知觉属于无意识的部分。他可能是第一个明确提出无意识的哲学家。19 世纪，人们通过心理物理学实验对莱布尼茨提出的阈值进行了探索，韦伯和费希纳经过测量证明了阈值的存在，并将其称为“最小可觉差”（详见第 2 章“心理物理学”的内容）。

通过感知构建世界

主教乔治·贝克莱决心在感觉－知觉的问题上做更多的工作。他对唯物主义侵蚀了上帝领域的方式感到震惊，他把唯物主义的观点连同物质一同抛弃，

采纳了唯心主义的立场（唯一的现实就是思想）。伯克利争辩说，我们拥有的只是自己的感知，正是它们为我们创造了世界：

> 如果所有这些组成世界的强大框架的物质没有了心智，就没有任何存在的实体，这些物质只是被感知或认识到的。因此，只要它们没有被我确实感知到、没有在我的脑海中出现或以任何其他的精神形式存在，那么，它们要么就是完全不存在，要么就是存在于某些永恒的精神实体中。

他的结论是，如果这些东西不被察觉，它们就不存在了。他把整个物质世界存在的责任都归于心智。这种结论存在很大的问题。比如，你把胡萝卜放在冰箱里，你看到它的时候，它确实在那里；但当你关上冰箱门的时候，它很显然就不存在了。对此，伯克利寻求神的帮助。当“创造的精神”没有关注物质世界时，上帝就开始接管并继续关注它：“当我闭上眼睛，我看到的东西可能仍然存在，但它必须存在于另一个心智中。”

这一切虽然听起来相当离奇和牵强，但伯克利对知觉的描述非常重要，因为它表现了如何从多感觉－知觉中组合出复杂的想法。我们可能会争论树这样的东西是否真的不存在，但当伯克利把同样的原理扩展到我们感知到的抽象内容时，这就是一个很好的结合点。我们将自己对树的大小、形状、气味以及对树皮的感觉、听到树叶的“沙沙”声等综合起来，形成了树的概念。同样地，我们将人们的外表、运动、说话和行为综合起来，形成了愤怒或羞愧的概念。大脑有大量的东西可以“制造”这个世界，即使它并没有保持自己的物质存在。

知觉的实验研究

19 世纪早期，人们的大多数实验工作都集中在对感知和感觉的研究。先是韦伯和费希纳，然后是冯特，以及后来的结构主义和功能主义流派的心理学家，他们使用经验性的物理方法来研究感知阈值和可能的感知组成因素。在爱德华 • 铁钦纳的研究中，他通过内省的分析可以发现，主体能感知水果独特的味道、气味、颜色、形状、纹理坚固程度和重量。铁钦纳将这些归为不同的感觉体验，而心智则将这些感觉综合在一起，让你感觉到有一个苹果或橘子。穆勒关于神经的研究工作证明，眼睛感觉到水果的颜色，鼻子感觉到水果的气味（详见第 2 章“拼接片段”的内容）。然后，大脑把从眼睛里接收到的信息转换成一种视觉形象，比如橙色和圆形。

开始知道

我们感知光或声音的模式与理解或解释它们有很大的不同。从感觉器官发送到大脑的信息经过处理后才能被感知，但是大脑需要做更多的工作来了解这些信息意味着什么，并随后存储它们或对它们进行操作。人们观察了苹果或橘子，大脑通过感官获得了信息，但构造和识别出是哪种果实还需要做很多工作。

联想

亚里士多德认为，我们的心灵或“常识”会在感觉和事件之间建立联系，这主要基于它们在时间或空间上相互接近或经常在一起发生。我们的大脑也会联想到相似的事物，有时甚至是相互对立的事物（如热或冷、甜或酸）。这些联系是知识的基础。他认为，常识有助于人们汇集事物的所有方面或“要素”来创造它们有关自己的概念。因此，人们运用常识可以把颜色、气味、形状、质地和味道结合起来，产生一个橘子的概念。2000 年来，这个关于概念结合的观点被人们广为接受，并且没有对其做进一步的调查，直到大卫 • 休谟在 18 世纪再次提出这一点。

联想主义盛行

英国医生和哲学家大卫 • 哈特莱（David Hartley，1705 年—1757 年）断言，如果我们持续经历几个事件或几种感觉，我们的大脑就会将它们打包存储。我们只要遇到该集合中的一个，就会回忆起集合中的其他事件。哈特莱认为，联想的关键是接触，而观念或印象总是以这样的方式聚集在一起。哈特莱首次尝试为“感觉印象如何变成大脑中的观念”给出一个物理解释。他提出，感官知觉会在神经中产生振动，并将振动传递到大脑，在那里引起相应的振动。这些大脑里的振动使我们产生了感觉。当感觉过去后，振动的轻微回声或遗迹还留存，它们被称为（相当漂亮的）“振动遗存”。这些振动遗存与观念相符，与最初的感觉相同但却较弱。复杂的观念是由对简单观念的联想构建而成的，复杂的思想也可以凝聚成更复杂的想法。80 年来，哈特莱因“联想是如何形成的”以及“精神事件的生物过程”的观点而被视为权威。

联想法则

人们通常认为，可以用三四种方式让大脑运用“元素”来建立观念（如果只列出三种方式，那么通常缺失的是相似法则，邻近法则和频率法则都是最重要的）。

1. 邻近法则。事情发生的时间或空间上很接近，你就会在大脑中将它们关联起来。如果你想到一把叉子，你可能也会想到用一把刀来配它。

2. 频率法则。如果两件事（或事件）能够联系在一起，你遇到它们在一起的频率越高，它们之间的联系就会越强。如果你的奶奶总是在家里给你烤蛋糕，你很有可能在想起她时，也会想起家里烤的蛋糕。

3. 相似法则。大脑会将相似的事物关联在一起。如果你发现地板上有一只袜子，你就会想到另一只袜子并想知道它在哪里。

4. 对比法则。有时，你看到或想到某种事物就会引发相反的想法。如果你想到在学校最好的朋友，你可能还会想起讨厌的班级恶霸。

苏格兰哲学家詹姆斯·米尔（James Mill，1773 年—1836 年）进一步发展了哈特莱联想的思想，使其成为所有心理过程的基础。对他来说，所有的观念都包含了几个原本独立的简单观念，这些观念一直被认为是联系在一起的，所以我们对物理对象的理解实际上是无法分离的知觉的集合：

正是因为伟大的联想法则，我们才追踪到关于所谓的外部物体的观念的形成，即一定数量的感觉观念，它们经常联合在一起而被我们接收到，它们融为一体，并在同一个观念下被我们谈论。例如，我们称之为树的观念、石头的观念、马的观念、人的观念。

突然间，记忆又回来了。星期日上午，我在坎布雷吃到的玛德琳蛋糕的味道……我的莉妮阿姨常给我吃这种蛋糕，而且在吃蛋糕前总会先蘸一下自己杯中的酸橙花茶……

一旦我想起浸着酸橙花茶的玛德琳蛋糕的味道，我的脑海里就立刻浮现出一条老街上耸立的灰色房屋，那就是她的房子，它就像剧场的布景一样挂在一个小亭子外面。她的房子通往花园，建在我父母的房子后面（直到那时，我能看到的就是一个隔离板）。从早晨到晚上、在不同的天气里，我都能回忆起那间房子、那个小镇、我常常在午餐前去玩的广场、我跑腿时走过的街道、我们奔跑过的乡村道路……那时，我们的花园和天鹅公园里的鲜花都开了，维旺别墅里的睡莲、善良的村民和他们居住的小房子、教区教堂以及贡布雷的整个环境，所有的一切包括小镇、花园都慢慢地、清晰地在我脑海里浮现，并且牢牢地生根，一切都从我沏的那杯茶开始。

马赛尔·普鲁斯特（Marcel Proust，1871 年—1922 年），《追忆似水年华》（*Remembrance of Things Past*，1913 年—1927 年）

简单想法的联想会产生复杂的想法，复杂的想法又可以结合起来形成更复杂的想法，而这些想法又可以结合在一起。但是，一切事物都可以还原为基本的观念，这才是关键。根据观念的生动程度以及这些观念一起出现的频率，联想可能会变强或变弱。

心理学构造成功

米尔对联想的描述是最充分的。他解释了大脑是如何自动用基本元素——感觉并遵循联想法则来产生人类喜欢的所有心理过程的。他觉得，自己已经成功构造了一种与牛顿物理学相媲美的“心灵物理学”，他认为心理学和物理学一样遵循宇宙的基本法则，即宇宙的基本物质必须遵循不可改变的物理法则。米尔的模型有两个非常吸引人的地方：第一，观念没有创造性，正如笛卡尔和休谟假设的那样，它就像机器一样工作，只是遵循一套规则；第二，心理事件就像物理事件一样，完全可以预测。在心理世界里，没有个性、创造力、天才火花或自由意志的空间。

米尔的儿子约翰·斯图尔特·米尔（John Stuart Mill，1806 年—1873 年）接受了父亲的想法，只对其做了一些轻微的改动。他认为，人类科学（心理学）是一门精确的科学，它总有一天会被完全理解，这样我们就能用其预测行为和思想。目前（他指的是 19 世纪，但直到现在仍是事实），有关它的规律还没有被真正了解。但不了解这些规律并不意味着它们不存在，当这些规律被完全揭示出来时，心智的神秘面纱也将被揭开。他相信，一旦掌握了这些基本规律，就有可能探索和解释个人性格如何发展，并预测特定情况个体的行为。

理性主义者开始研究心理

让我们暂时回到苹果或橘子。感官将相关信息传递到大脑，并将这些组件结合起来，于是我们对一个对象形成了知觉，这种说法很完美，但是这些组件是什么？我们看到水果是橙色的和球形的。我们是否看到橙色就足够了呢？这种颜色是否真的不需要加工？那么球形呢？我们想要理解球形，就要理解空间的延展，并且要明白，虽然水果看起来像一个圆，但它实际上是一个球体。

康德引入思想范畴来理解我们的感官知觉（详见第 5 章“有组织的心智”

的内容）。根据康德的说法，感官知觉中没有任何东西能告诉我们某物离我们很远或就在附近，因为感官知觉本身就发生在我们自己身上。只有运用思想范畴，我们才能做出这些解释。休谟认为因果关系并不真实；但是康德认为，虽然我们不能证明一种结果是由某种特定原因造成的，但在我们看来，因果关系是真实的。思想范畴以这种方式组织经验，让我们看到是因为一件事而导致另一件事出现。

被烧毁的书

法国哲学家克劳德·爱尔维修（Claude Helvetius，1715年—1771年）对詹姆斯·米尔产生了重要影响，他将这种影响带给了自己的儿子约翰·斯图尔特。爱尔维修是一个富有的税吏，他与一名伯爵夫人结婚。爱尔维修认为心中的一切归根结底都是经验的逻辑结果，如果我们控制了某个人的经验，我们就可以控制其思想发展。这一点对教育有着显而易见的意义。如果我们能给人以完美的教育，我们就能创造出完美的人（这也有可能包括更险恶的用心）。1758年，爱尔维修的第一本书《思想随笔》（*Essays the Mind*）激怒了巴黎索邦神学院的学者，导致该书被烧毁。

官能心理学

那个说休谟如果在日常生活中不依赖自己的感觉，最终会被关进疯人院的人——托马斯·里德是最早的官能心理学的倡导者。官能心理学的主要观点认为，心智包括许多方面或多种功能，它们被称为官能，这些官能彼此之间相互作用。里德确定了 43 种心理官能，包括理性、意识、同情、记忆、判断力和道德等。康德也是一个官能心理学家，他提出了思想范畴的概念。

赫尔姆霍兹用无意识推理来解释大脑是如何感知的。他认为，我们利用过去的经历来了解自己看到的东西，一旦我们看到过足够多的椅子，当我们看到一把新椅子时就能立刻认出这是一把椅子。我们在三维世界中观察的经验使我们认识到，橘子是一个球体而不是一个圆盘。他用变形眼镜做实验，并发现实验对象们很快就适应了。赫尔姆霍兹的结论是，过去的经验能让人将感觉融入到知觉中。他是一名经验主义者。这一观点不同于康德，康德认为思想范畴是先天的，思想从出生开始就直接作用于感觉。赫尔姆霍兹认为，心智首先必须学会如何感知。现代理性主义心理学家支持康德关于大脑结构的观点，大脑结构将会塑造我们的想法。经验主义者支持的观点与赫尔姆霍兹的观点类似，认为心智依赖与感官体验、学习和联想的被动法则有关。他们会说，通过经验，我们知道一个圆的物体有时是一个球体，有时是一个圆盘。对于一个不熟悉的物体，我们可以判断出哪些是光影的细微影响，甚至根本就没有注意到自己看到的是光影；但是对于一个熟悉的物体，我们过去的经验告诉我们，橙子是球形的，而煎饼则是一个扁平的圆形。

感知和行动

我们的行为方式取决于我们如何感知这个世界（即我们的大脑如何建模），而不是取决于世界实际的样子。格式塔心理学家库尔特·考夫卡区分了地理环境（我们周围的物理世界）和行为环境（我们对世界的主观解释）。他讲述了一个古老的德国故事来说明这一点：

一个男人骑着马，穿越自认为是白雪皑皑的平原。当他在旅途结束后和其他人交谈时，他才知道自己实际上骑马穿过的是一个结冰的湖，并且随时都可能会坍塌。当他意识到自己曾经处于危险时，这个可怜的人因震惊而死去。

与其说这个男人的行为符合环境，倒不如说是他相信了环境的真实性。如果他知道自己将会骑着马走在冰面上的事实，他就不会走那条路了。他后来倒下死亡的行为是将其对危险的感知变成了行为。在他知道了自己行为发生的真实环境后，他做了自己本来会做的事。感知就是一切。

THE STORY OF PSYCHOLOGY

第5章

心智的建构

心灵的基石

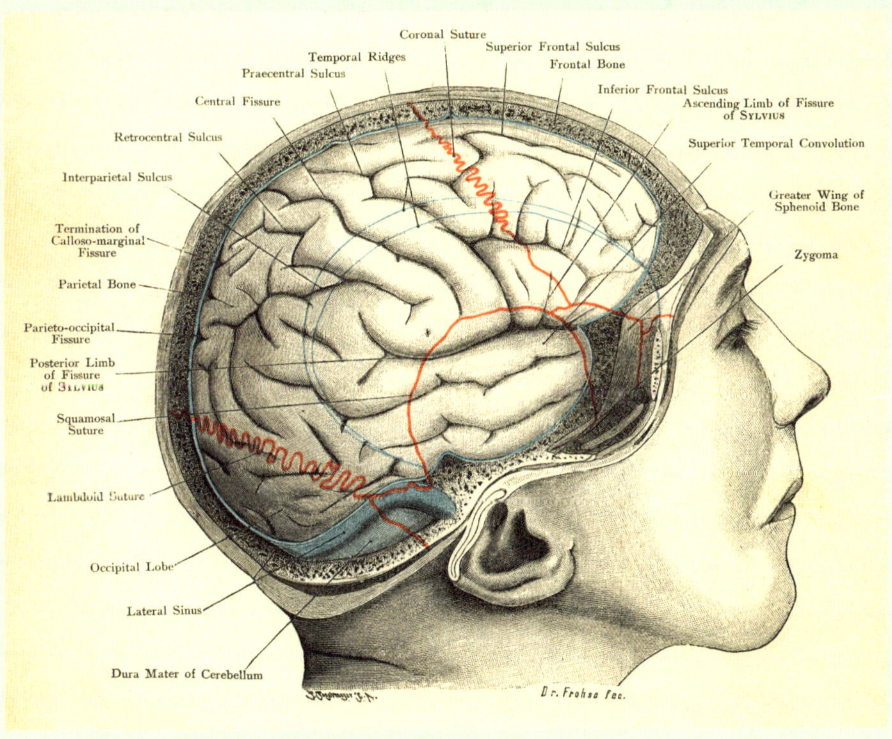

> 让我们假设心智是一块白板，它没有任何特点、没有任何观念，那么我们该如何装饰这块白板？在忙碌而无边无际的人类世界中，我们面对无穷无尽的各色事物，应该用什么才能将一切绘到这块白板上？对此，我用一句话来回答——经验。
>
> 约翰·洛克，《人类理解论》（1690 年）

如果知识是通过加工感官知觉或者对已经获得的知识进一步反射而得以建构的，那么，大脑应该是什么样的呢？它像一个巨大的盒子，不管你是否愿意都被知觉卡在里面？在我们需要知识的时候，这会让我们很难回忆知识。如果不是这样的话，那么心智如何组织材料并构建其中的联系呢？这些过程是心智完全参与其中，还是按照大脑的组织方式进行的？

婴儿知道什么

我们都是从婴儿时期开始自己的一生。婴儿知道些什么，他们又是怎样知道的？人们普遍认为有两种可能性：婴儿的大脑是一块空白的石板，等待知识铭刻其上；或者他们生来就具备一些先天的知识。另一种更巧妙的说法介于二者之间，取两者内容的一部分，这种观点认为，人的心智天生就具有某些结构，这使心智有可能以某种方式来组织后天习得的知识。学习过程将这些结构加诸于知识之中。这两种极端的观点可以追溯到古代，而中间派——心智是组织者的观点被提出的时间反而离我们更近。

天生就知道

萨姆提克一世和其他进行“被禁止的实验”的人（详见第 2 章“儿童为豚鼠”）

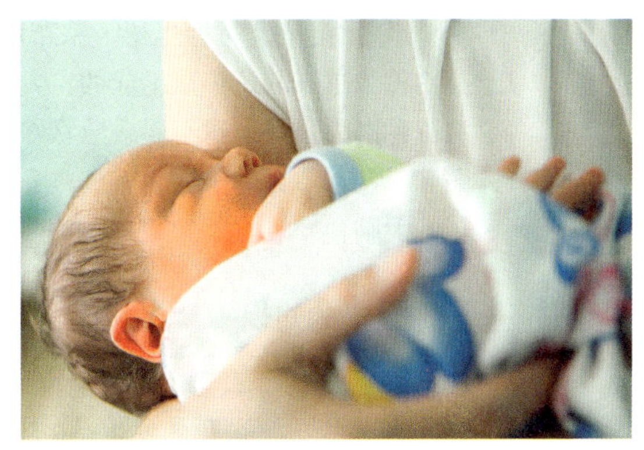

并非是只相信人类具有一些先天知识的人。柏拉图相信，我们的灵魂在纯净的状态中绝对具备知识，但是当灵魂进入身体时，灵魂与知识的联结就被切断了。他认为，学习是一个发现先天知识的过程，而不是发现知识的过程。这种观点可以称为“先验论”，它假定知识是先验的，而且是人与生俱来的。

后来，笛卡尔还提出，某些类型的知识是先天的。他声称，这些先天的知识中最重要的是关于上帝的知识，他认为这些知识对于所有人来说都是共同具备的（他生活在 16 世纪的法国，当时如果有人否定上帝的存在将被认定为异教徒而被火烧死）。其他一些哲学家则认为，某些道德知识是与生俱来的。

先验的内容不限于知识，它可以包含任何天生的自然倾向或特性。有些观点认为，人类天生残忍，只能在社会中不断地矫正它们，这就像托马斯·霍布斯认为的那样，先验的存在依赖于新生儿已经存在的个人特质。与此相反的观点是由法国作家、哲学家让 – 雅克·卢梭（Jean-Jacques Rousseau，1712 年—1778 年）提出的，他认为人天性高贵，但却在后天被社会所玷污。稍后，我们将详细介绍卢梭的观点。

发现知识

柏拉图认为，灵魂对所有事物都有完美的认识，如果它不被困在身体里面，它就能看得很清楚。然而，一旦灵魂进入身体，它就立即失去了获取知识的机会，“除了自己去调查实情，它还被迫从监狱的栅栏中去窥视”。那么，知识就可以通过学习而被发现。他用苏格拉底和一名奴隶关于几何学的对话来证明自己的观点。起初，奴隶似乎对几何学一无所知，但当苏格拉底测试他时，他慢慢地开始表现出一些理解力。柏拉图认为，这就是先验知识的明显证据。这个奴隶本来就具备天生的知识，但是一开始并不能运用。实际情况可能是，奴隶通过苏格拉底的小心提示而算出了答案。

18 世纪，戈特弗里德・莱布尼茨表达了类似的想法。他认为，整个宇宙是由称为单子的意识点组成的，人类心灵的超强单子有观念存在，这些观念具有一种潜力，并通过经验或感官知觉来对其进行激活或实现。正如一个暗室隐藏着一些看不见的事物，直到有光进入才能看到它们一样。所以对莱布尼茨来说，大脑包含着先天的观念，这些观念可能后天被发现。

过去的知识

法国博物学家让–巴蒂斯特・拉马克（Jean-Baptiste Lamarck，1744 年—1829 年）提出，进化的发生是由于后天习得的特征被遗传给后代。拉马克认为，在生命的过程中，一个有机体改变其身体的形式和行为来适应环境（通常，人们给出的例子是长颈鹿伸长脖子去够最多汁的叶子，并在这个过程中脖子变长了）。生物体繁殖出后代，它的后代就继承了这些习得的特征。通过这个过程，生物重复繁衍了几百代、几千代，也改变了自身的物种。在查尔斯・达尔文的自然选择进化论出现之前，这一理论得到了一些大众的支持。

拉马克的理论吸引了赫伯特・斯宾塞（Herbert Spencer，1820 年—1903 年），他是一个对心理学感兴趣的作家。他采用了拉马克生物演化的观点，并将其应用于心理学。这一结果产生了一种理论，认为随着时间的推移，心智将慢慢地自我完善。运行良好的行为和信念将得到加强，而那些无益的行为会在未来被避免。这些教训代代相传。在人的一生中，被强化的行为会变成习惯，父母养成的习惯会被传给后代，这些习惯在其后代身上表现为本能，因为这些习惯与生俱来。

瑞士心理学家卡尔・荣格（Carl Jung，1875 年—1961 年）提出了一个相似的观点，以支持自己的原型理论和集体潜意识的理论，并再次提到了斯宾塞关于人类行为代际传递的理论。荣格认为，集体无意识是一群人类进化过程中累积下来的精神结构，它在原型中有非常明显的证据，这些原型在世界各地的不同文化中都有发现。他这样描述集体潜意识："人类进化的全部精神遗产会在每个人的大脑结构中重生。"

荣格对精神性感兴趣，有时，他对集体无意识的解释似乎表明个人可以利用某种形式的普遍的精神，这让人们想起了斯宾诺莎和费希纳泛灵论的观点。荣格把集体潜意识描述为一个简单的心灵的通用结构，这使所有人都以某种方式看到和了解到某些事情，就像我们都有手或腿这个结构一样。

原型等同于本能的精神模式。人们只有通过比较不同社会的神话、意象和其他文化艺术品以及发现这些集体无意识的意识表现形式，才能发现它们。

原型意象的例子包括人物（如母亲、英雄、颇具智慧的老女人或骗子）和神话（如大洪水和启示录），这些也会表现在人类的机构和庆祝活动（如结婚或成人的仪式）中，标志着生命阶段的原型。

从柏拉图和萨姆提克到荣格的这些理论都认为人具备先天知识，婴儿一出生就具备一些或某一类知识，但人们也许要通过推理或学习的方式才能发现它们。在荣格的例子中，我们并没有意识到原型知识，但它在我们产生的社会结构和艺术（以及梦）中得到了体现。我们很快将在本书中详细了解到一些介于先天知识和遗传精神结构之间的理论。

空白的石板

与心智具备内在知识相反的一个观点是：大脑是一块空白的石板，经验和感知将在此留下痕迹。亚里士多德是第一个提出婴儿大脑是空白的人。大约 1300 年后，波斯学者伊本·辛纳创造了短语白板（或称作“白纸”），用其来描述新的、幼稚的大脑：“人类在出生时，智力就像一块白板，并具有通过教育来获得智慧的潜力。”

安达卢西亚博学者伊本·图菲利（Ibn Tufail，1105 年—1185 年）写了一部早期的哲学小说，他描述了一个年轻的男孩海伊在一个荒岛上由羚羊抚养长大。这个野孩子成长为一个全面发展的人，以此证明了学习的白板理论。此外，海伊还试图通过理性推理独自推断出终极真理。1671 年，这部小说被翻译成拉丁文，叫作《卡米尔先知传记》（*Theologus Autodidactus*）；1708 年，它又被翻译成英语。该书后来在欧洲成为畅销书，并影响了包括约翰·洛克在内的许多哲学家。

1690 年，洛克在自己发表的《人类理解论》（*An Essay Concerning Human Understanding*）论文中提出了白板说。他拒绝接受笛卡尔的天赋观念理论（如上帝知识和自然道德）。在他看来，这些理论是站不住脚的。如果这些想法真的是人们与生俱来的，那么必须在人的每个心灵中都有所体现。很显然，并不是这样，因为有些人不相信神，另外一些人有不道德的行为，还有些人甚至都没有道德的概念（现在，我们可能将这些人称为精神病患者）。

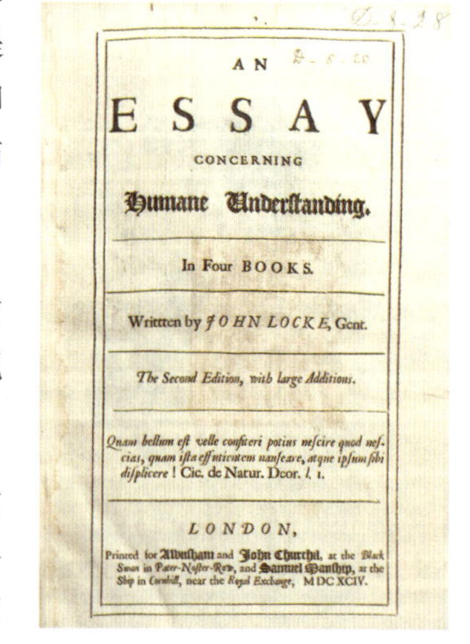

AN
ESSAY
CONCERNING
Humane Understanding.
In Four BOOKS.
Written by JOHN LOCKE, Gent.
The Second Edition, with large Additions.
Quam bellum est velle confiteri potius nescire quod nescias, quam ista effutientem nauseare, atque ipsum sibi displicere! Cic. de Natur. Deor. l. 1.
LONDON,
Printed for Awnsham and John Churchil, at the Black Swan in Pater-Noster-Row, and Samuel Manship, at the Ship in Cornhill, near the Royal Exchange, MDCXCIV.

如果我们不是生来就具有观念或知识，那么它们是从哪里来的？洛克认为，新生儿的大脑就像一张白纸，他们通过经验可以在上面写下知识。他们通过心智的操作（包括感知、思考、怀疑、相信、推理、了解和意愿），从我们收集到的感官感知中形成思想和知识。即使他们的心智内容并不是天生的，但其心智行为却是天生的。这些过程或操作是人性的一部分，不需要学习。他们通过对简单观念进行操作，大脑中会产生复杂的观念。他们的心智会发展自己的规则，所以对输入数据的反应或处理方式因人而异。洛克的模式赋予每个人相当大的自由和自主性，我们都可以选择如何定义自己。

> 让我们假设心智是一块白板，它没有任何特点、没有任何观念，那么我们该如何装饰这块白板？在忙碌而无边无际的人类世界中，我们面对无穷无尽的各色事物，用什么才能将一切绘上这块白板？对此，我用一句话来回答——经验。我们所有的知识都是建立在这个基础上的，这些过程最终能自我驱动，继续让我们获得知识。我们运用观察来了解外界能感觉到的事物，或者了解我们内心世界发生的内部操作（如感知或者反射），这些操作使我们能够理解所有的思想材料。这两者是知识的源泉，我们所有的观念都是由此而来，或者说是从这里自然地喷涌而出。
>
> 约翰·洛克（1704 年）

有组织的心智

一种介于白板说和先验知识之间的理论认为，心智具有组织结构以及某些天生的活动，使它能够解释传入的信息，并以有用的方式加工信息。

在最基础的层面上，我们允许大脑“知道”如何做自己的工作，甚至连洛克也承认了这种天生的能力。毕竟，这并不比心脏“知道”如何泵血知道得更多。在这一点上，人们留下了许多值得研究之处。

学习如何知道

有些能力似乎是天生的，但人们研究发现，有些能力仍然需要一些感官输入来激活它们。1963 年，认知心理学家赫尔德（R.Held）和海因（A.Hein）进行了一个实验，表明我们（或至少是小猫）只有在提供足够的视觉或者运动刺激时，才能发展真正的深度知觉。因此，虽然深度知觉的潜力是天生的，但它需要触发。

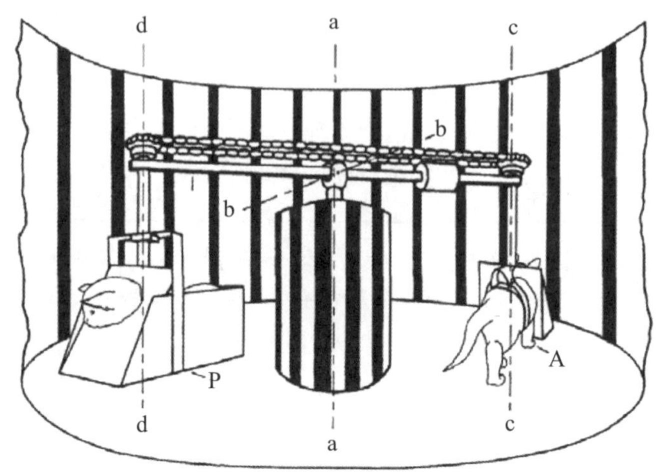

他们用了一对小猫做实验，每天把小猫放在旋转木马里 3 个小时。在传送带里，一只小猫可以自由活动；另一只小猫却只能在一个篮子里运动，而这个篮子是由自由活动的小猫的运动来控制的。两只小猫相互看不到对方，设备完全使用垂直条纹装饰（防止通过视觉而产生水平 / 垂直相互作用）。两只小猫在猫窝中和妈妈一起休息时，它们是待在黑暗中的，所以它们唯一的视觉刺激是在装置中获得的。在实验结束时，自由活动的小猫可以用爪子正常行走，但不能自由活动的小猫则不能正常行走。赫尔德和海因认为，它们需要自主运动来获得空间感。

1980 年，另一项研究发现，如果不能自由活动的小猫能够看到有趣的东西（如移动的玩具汽车），它们就会产生深度知觉，并且能够更好地行走。缺乏视觉刺激和缺乏自我引导的运动相结合，导致小猫无法发展深度知觉，且缺乏其中一种就足以阻止其深度知觉的发展。第二项研究解释了为什么绑在摇篮挡板上的婴儿或天生没有四肢的婴儿仍然能够发展深度知觉。

1961 年，英美人类学家科林 • 滕布尔（Colin Turnbull，1924 年—1994 年）在一项研究中发现，人类只有接触到距离远和距离近的不同事物才能产生正确的透视感。在他的研究中，他把班布蒂人从通常生活的刚果茂密的森林移居到开阔的平原地带，让一头水牛在远处吃草。一个班布蒂射手看到水牛后问他，这种生物是哪种昆虫？他并不认为它是水牛，直到他乘坐吉普车接近它后才接受这一点。在丛林里，他永远只能看到几米远，所以没有发展出辨识大小和距离关系的能力。

先验结构

康德提出，心智可能具有某些结构来存储或处理特定类型的知识（包括语言）。1781 年，由于对以往经验与理性关系的解释感到不满意，他在《纯粹理性批判》（*Critique of Pure Reason*）中提出了自己的理论。正如我们所看到的，康德相信大脑具有“思想范畴”，这是一种先天的精神结构或概念，能让大脑组织信息。举例来说，思想范畴给我们提供了时间和空间以及因果关系的概念。他认为，简单的经验只能显示一个事件按照时间顺序跟随另一个事件，而不是一个事件导致另一个事件。尽管只是从感知觉开始，但思维的范畴可以使大脑产生意义。约翰尼斯·穆勒认为自己发现了不同类型的感觉神经（详见第 2 章“拼接片段”的内容），这是康德思想范畴中叙述的生物表现。他发现，感觉信息输入后先是由神经系统加工，然后才成为意识中的思维对象或知觉。

以阶段的形式发展

瑞士发展心理学家让·皮亚杰（Jean Piaget，1896 年—1980 年）采取了完全康德式的理性主义观点。他认为，随着时间的推移，孩子的思维慢慢发展为不同图式，通过这些图式，孩子最初可以与环境进行大量的身体互动，然后逐渐发展了认知能力。图式建立在理解的基础上，它们可以提供理解的过程或对象。新生儿有一些先天的、遗传的基本图式可以提供反射行为。例如，吮吸反射就是一种天生的图式。

当婴儿开始了解环境时，他们开始构造图式，帮助自己在下次遇到相同的事件或物体时识别它们。由于他们有了新的经验，他们就必须调整现有的图式，并建立新的图式以适应新的信息。例如，一个孩子已经形成了一个从图画书中认出猫的图式，当他在现实生活中遇到真实大小的毛茸茸的猫，他必须调整已有的图式，以适应在现实生活中遇到的猫的尺寸和毛茸茸的感觉。如果孩子又遇到了一种新的动物，他就需要建构一个新的图式来解释它。当孩子能够解释大多数事件和物体时，他就处于一种舒适的平衡状态。如果一些新事物不符合现有的图式，就会导致不平衡。然后，孩子们会调整图式来顺应新的经验，同化它们，从而回到平衡状态。

形成图式的能力是天生的，它像是某种基于基本反射和本能行为的图式启动包。

英国心理学家弗雷德里克·巴特莱特（Frederic Bartlett，1886 年—1969 年）进一步发展了图式的概念，用其解释我们怎样加工信息、记住和记错信息。图式提供了一种组织知识和观念的方法，但它们也会让我们抵制新观念，导致这些新观念很难进入我们现有的思想体系中。呆板的图式会导致偏见和歪曲信息，以符合我们的期望。

幽灵之战

巴特莱特告诉他的学生一个北美印第安人的传说，用来证明图式对记忆和故事叙述的影响：

一天晚上，两个年轻人从艾古拉克走到河边去捕猎海豹，当他们到了那里时，河面安静且雾气迷茫。然后，他们听到了战争的呼声，他们想“也许，

马上就要发生一场战争。”他们逃到岸边，躲在一截木头后面。这时，有很多独木舟划过来了，他们听到船桨划水的声音，还看见一只独木舟正向他们划来。这只独木舟里有 5 个人，他们在说：

“你觉得怎么样？我们希望带你一起去。我们要沿河而上向那边的人开战。”

其中一个年轻人说：“我没有箭。”

“箭在独木舟里。”他们说。

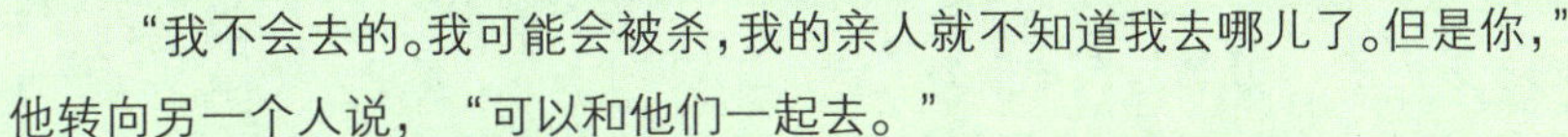

“我不会去的。我可能会被杀，我的亲人就不知道我去哪儿了。但是你，”他转向另一个人说，“可以和他们一起去。”

于是，一个年轻人留下了，另一个年轻人回家了。

战士们沿河而上，到了卡拉马另一侧的一个小镇。镇上的人来到河边，双方开始战斗，许多人被杀了。但不久，这个年轻人听到一个战士说：“快，我们回家吧，那个印第安人被击中了。”他在想：“哦，这些人都是鬼。”他并没有感到身上难受，但却听到别人说自己被击中了。

这个年轻人划着这只独木舟回到艾古拉克，他上岸回到家开始生火。他对众人说：“看哪，我曾与鬼待在一起，我们一起打仗了。我们的许多同伴都被杀了，许多袭击我们的人也被杀了。他们说我在战争中被击中了，但我并没有感到身上难受。

他说完了一切，然后安静下来。太阳升起时，他倒下了，嘴里吐出黑色的东西，脸变得扭曲。人们跳起来大哭。

他死了。

巴特莱特让他的学生在一年里回忆并复述了好几遍这个故事。学生们都认为自己准确地复述了这个故事，但实际上，他们每次复述都会对这个故事做出一些改变，例如：

• 遗漏与他们的生活和情况无关的信息；

• 改变故事的细节、顺序和重点，以配合对他们来说很重要的事（例如，将独木舟改为“船”）。

巴特莱特认为，这些图式本身并不是与生俱来的，但心智建立和填充图式的倾向是与生俱来的。他的实验工作包括要求人们记住和复述故事、完成不完整的故事，并为事件作见证。他发现，我们倾向于与自己已有图式一致的方式完成故事和回忆事件。这使我们作为目击证人时并不可靠，因为我们经常会歪曲自己所看到的，以符合自己的个人图式和已有的概念。

你看到了自己期望看到的

1947 年，美国心理学家戈登·奥尔波特（Gordon Allport，1897 年—1967 年）和约瑟夫·浦斯特曼（Joseph Postman，1918 年—2004 年）用图片进行了一项研究，图片描绘了一个白人男子用剃刀威胁一个黑人。但是，当要求被试回忆和描述自己看到的画面时，参与者往往会说那个拿着剃刀的人是黑人。导致人们记忆扭曲的不仅仅是种族偏见。1981 年，科恩（Cohen）给被试展示了一对夫妇在餐馆的照片。他告诉部分被试那个女人是图书管理员，而对另一部分被试说她是一名女服务员。后来，当要求被试描述这个女人时，被试的陈述会根据自己认为那个女人做的不同工作而有所不同。

语言：一个特例

语言似乎把人与动物区分开来。我们知道，其他物种不具有像人类一样广泛的口头表达形式；我们也知道，所有人类部落或社区都能进行口语表达。因此，研究语言的先天 / 习得行为非常有意义。

1660 年，法国神学家和哲学家安托尼·阿尔诺（Antoine Arnauld，1612 年—1694 年）和作家克劳德·兰斯洛特（Claude Lancelot，1615 年—1695 年）出版的《皇家港语法》（*Port-Royal Grammar*）中认为，语法是人们普遍的心理过程，因此语法是与生俱来的。美国科学家、哲学家诺姆·乔姆斯基（Noam Chomsky，生于 1928 年）是这一观点的现代支持者，他曾表示，孩子有学习语言的天赋，他们学习哪种语言取决于他们生活在什么社区，但所有语言的基本结构都是通用的。学习语言是一件简单的事，仅仅是用内容填充大脑中已经存在的结构而已。乔姆斯基认为，语言的语法结构非常复杂，对于孩子来说，仅靠模仿难以掌握。

语言的普遍结构或自然组织原则不仅获得语言学研究者的支持，还被各种“自然实验”的结果所证明。这些自然发生的情况使科学家有机会进行观察，就好像他们进行的实地实验一样（通常，这是不道德的）。

语言本能

加拿大认知科学家史蒂文·平克（Steven Pinker，生于 1954 年）认为语言是人类种族适应的一种本能，就像织网是蜘蛛的一种特殊本能一样。他引用聋儿的例子，认为在一段时间内，聋儿也会对着自己的双手“咿咿呀呀”。这说明儿童语言的发展存在一个关键期，如果他们不在关键期分界点之前学会说一种语言，那么，他们将学不会说话。这个关键期分界点类似于猫视觉发展的分界点。

“被禁止的实验”是不被允许的。但是，有许多不会讲话的父母（聋人或者哑人）抚养那些语言机能健全的孩子，许多这样的孩子学会了自己父母使用的手语。但有些孩子却是在没有手语的情况下长大的，他们基于符号和手势发展了自己的交流方式，这种方式被称为“家庭手语”（homesign）。20 世纪 70 年代，美国心理学家苏珊·戈丁·麦兜（Susan Goldin Meadow）和海蒂·费尔德曼（Heidi Feldman）研究了家庭手语。他们发现，家庭手语系统虽然是由各自分离的孩子或家庭独立发展起来的，但却有共同的语法结构。这表明，语言并不需要说出来，而手语的发展和口语的原则是一样的，如用词序表示一个词的功能。这些研究的结论很重要：无论是口头语言还是非口头语言，语言的基本规则都是先天形成的。

从零开始

无论我们是否把新生儿的大脑看作一张白纸，毫无疑问，我们都有一些共同的心理活动。这些就是反射和本能的行为，它们并不需要知识或思考，而是会自动发生。连洛克自己也不得不承认，新生儿吮奶是不用教的。

不需要学习的行为：反射和本能

反射动作是一种简单的、自动的、不学而能的对刺激的反应。如果你意外地拿起了一个非常烫手的东西，你就会立刻把它扔掉。笛卡尔用动物精神来解释这种动作，在他看来，这种精神在神经的管道中流动。碰到烫手的东西丢掉或者缩回的反应就称为撤回反射，下图就是撤回反射的反射弧。当你不小心碰到非常烫手的东西，信号就从感受器（由它侦测组织损伤）传到脊髓，又从脊髓传导到运动神经，触发了自动反应，让你远离热源。同时，来自感受器的信号进入大脑，大脑将对其进行解释，了解到什么事情会给你带来痛苦。下次，你可以在感觉到疼痛之前就开始反射运动。

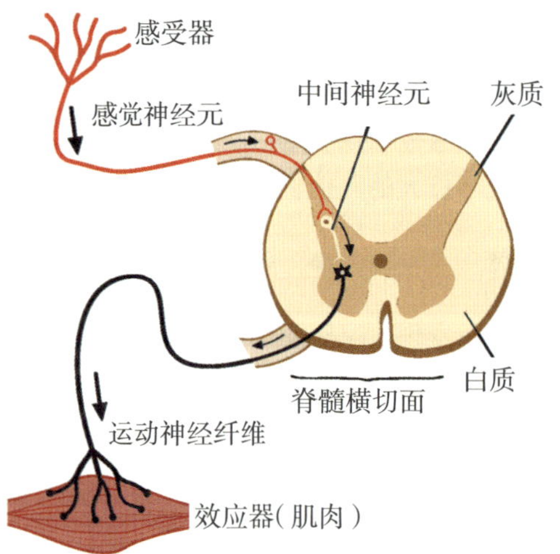

新生儿有多种反射（如果你正好有个宝宝，会很好玩），如拥抱反射会使婴儿迅速张开又迅速缩回自己的双臂。有人提出，婴儿的莫罗反射是在其进化中的一个时期内发展起来的，此时，婴儿一整天都被母亲带在身边。如果婴儿失去平衡，这种反射就会导致婴儿瞬间张开双臂，然后再迅速地抓住妈妈，让自己重新回到平衡状态。这种反射被认为是唯一的与生俱来的恐惧反射（不学而能）。新生儿的其他反射包括抓握反射（手指环绕手掌上的物体）、觅食反射和吮吸反射，这些反射会引导婴儿在没有指导、示范或经验的情况下自己吃东西。

从反射到意志

英国医生和哲学家大卫·哈特莱概括了儿童从无意的反射到随意行为，再到自动（随意的）行为的发展模式。他声称，我们有一些不自主的行为，如婴儿的抓握反射。随着孩子的成长，他们学会了有意识地抓握，从本能地抓住事物到有选择地抓住事物。在这一点上，该行为已成为自主行为。孩子从经验中建立起来的联想引导他们有选择地抓住玩具，而不是一块燃烧的煤炭。最后，抓的动作又变成了自动的行为，这样我们就不需要思考或者集中注意力去抓住东西，而是在适当的时候去做。

本能会让我们产生一种“固定动作模式”（fixed action pattern，FAP），它比一个反射更复杂，通常会让人产生一个动作。例如，刚孵出的海龟会本能地朝大海爬去；当白天变短、温度下降时，冬眠动物会本能地去寻找或者有时去准备一个合适的冬眠之处。

反射动作通常不能抑制，但有些本能可以被抑制。高等动物（如人类）常常能学会触发本能行为，然后决定不采取行动。本能最初是非自愿的，但并不意味着它一旦被意识到会不受意志影响［人们对本能有不同的定义，但1961年美国社会心理学家罗伯特·伯尼（Robert Birney）和理查德·蒂文（Richard Teevan）认为，本能不可抗拒也算是一种本能］。

本能——你不学而能的行为

本能是由法国昆虫学家让－亨利·卡西米尔·法布尔（Jean-Henri Casimir Fabre，1823 年—1915 年）首次提出的，他根据自己有关昆虫的开创性研究建立了昆虫学领域。他在一个著名的实验里证明了本能的力量，将毛毛虫列队放在一个圆形的碗的边缘。毛毛虫总是跟着自己前面的一只毛毛虫向前爬行，它们在碗边不停地走了 7 天。

第一个严格描述人类本能行为的人是威廉・冯特，他将任何重复的行为都看作一种本能。他列举了几千种人类的本能，列出了几千种人类的本能行为。不久之后，弗洛伊德将人类的行为看作对某种自然驱力的反应（比如饥饿或者繁殖的冲动），这些驱力是本能的。到了 20 世纪，人类被赋予的本能行为就少得多了，兴起的行为主义学派更强调在个人生活中习得的行为。

洛伦兹的雏鹅

奥地利动物学家康拉德•洛伦兹(Konrad Lorenz，1903 年—1989 年）对鸟类的行为很感兴趣。在一系列著名的实验中，他探索了灰雁鹅的自然本能，它们一孵化出来就“印刻”了自己父母的行为。正常情况下，雏鹅“印刻”的将是雌鹅的行为。雏鹅随后会自动跟随父母，而不需要催促。洛伦兹证明，雏鹅将“印刻”附近的任何物体，即使那些并不是自己的父母。他成功地让雏鹅“印刻”了自己的靴子，雏鹅们会追随任何穿着那双靴子的人。这个实验将一般的本能行为和个人学习过程中需要印刻的要素相结合。研究表明，在心智结构方面的印刻活动是与生俱来的，但被印刻的事物则来自于环境。

经典条件反射

有了条件，我们就走出了先天行为的王国，走进了学习领域。条件反射虽然是对同一刺激的重复反应，但却是习得的反应。条件反射的一个最著名的例子就是伊凡•巴甫洛夫（Ivan Pavlov）的研究（详见第 3 章“流口水”的内容）。

这种类型的条件反射被称为巴甫洛夫条件反射或经典条件反射。条件反射开始于自然联结的刺激反应：非条件刺激（US）和无条件反应（UR），两者之间有一个生物联结。在巴甫洛夫的实验中，无条件刺激是肉的气味或味道，关联的无条件反应是分泌唾液。实验者还设置了一个生物概念上的中性刺激，将其称为条件刺激（CS），该刺激会与非条件刺激同时出现。所以，当巴甫洛夫的狗把一种特定的声音（条件刺激）与肉的味道或气味联系起来时，条件刺激就开始与条件反应（CR）发生关联，这一反应通常（但不总是）与无条件反应相似或相同。事实上，巴甫洛夫发现，狗对条件刺激产生的唾液成分与非条件刺激产生的唾液成分不同。

行为和关联

当巴甫洛夫发现条件刺激和条件反应之间的联系时，他相信自己已经发现了隐藏在该联系背后的生理机制，他觉得没有必要再去进一步研究观念之间是怎样互相关联的了。

意外！或不意外

最近，美国实验心理学家罗伯特•瑞斯克拉（Robert Rescorla，生于 1940 年）做的更多的关于巴甫洛夫条件反射的研究工作表明，条件反射并不像看起来那样简单，它（如巴甫洛夫发出的铃声）不仅是代表或代替非条件刺激（如肉的气味或味道）。相反，生物体（如狗）学习怎样利用条件刺激来适应环境，包括其与无条件刺激的预测性关联。如果条件刺激在其他时间、在无条件刺激之前或者与无条件刺激同时出现，就不会产生条件反应，这证明了条件刺激与无条件刺激之间的关系其实很复杂。这表明，动物学习预测的能力对于建立条件反射非常关键，条件反射实际上就是在经验上消除意外。当狗（或别的动物）发现条件刺激能预测无条件刺激时，无条件刺激中意外的元素就减少了。

如果条件刺激多次不与无条件刺激相关联，条件性行为就会消退（消失）。

如果两者再次关联（重新学习的联结比初次学习更快），这种联结又会重新恢复；或者如果暂停一段时间不暴露在条件刺激中，这种联结就会自发地恢复。

学习 = 编程

行为主义者约翰・华生对巴甫洛夫的工作产生了很大的影响。他相信，经典条件反射可以用来解释所有的学习和行为（包括语言）。1913 年，他在宣布行为主义观时声称，人的性格完全可以通过谨慎刺激和反应来确定：

> 给我一打健康的婴儿、一个由我支配的特殊的环境，让我在这个环境里培养他们，我可以担保，任意选择一个婴儿，不论其父母的才干、倾向、爱好、职业及种族如何，我都可以按照自己的意愿把他们训练成为任何一种人物，包括医生、律师、艺术家、大商人甚至是乞丐或强盗。

在这个模型中，遗传是毫无价值的，环境就是一切。此外，人格完全是被决定的，没有任何空间留给自由意志甚至意识。华生毫不妥协地断言，行为就是我们的全部。他不需要用认知结构或图式来解释我们如何学习，而只是把刺激和相应的行为联系起来，并强化这一联结直到它变得稳定。

条件性恐惧

巴甫洛夫对狗的研究令人印象深刻，华生则需要证明这一研究也适用于人类。他通过臭名昭著的、有违伦理道德的“小阿尔伯特”实验做到了这一点。1919 年，约翰・华生和他的合作者罗莎莉・雷纳（Rosalie Rayner）从校园幼儿园招募了一个 9 个月大的男孩，他被称为“阿尔伯特”［他的真名是道格拉斯・莫莱特（Douglas Merritte）］。他们开始让阿尔伯特接触一系列无害的物体和动物，包括白色的实验室老鼠。阿尔伯特对它们中的任何一个都没有表现出恐惧或不良反应，但这一切即将改变。每次，当阿尔伯特碰白鼠时，华生就用锤子敲击一根金属

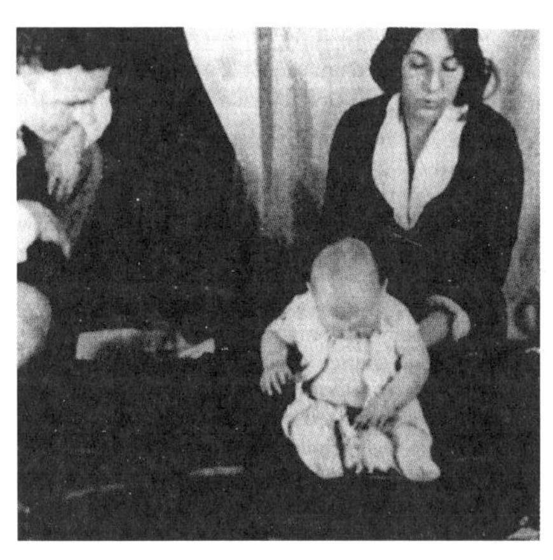

铁棒，制造突如其来的可怕声响，男孩被这可怕的巨大声响吓哭了。华生重复这一过程，直到阿尔伯特一看到白鼠就开始大声哭泣并试图逃跑。此外，阿尔伯特也害怕其他毛茸茸的白色物体，包括兔子、皮毛大衣和假胡子，这些物体和小白鼠有共同的特征。

不幸的是，阿尔伯特在华生有机会为他进行脱敏之前就被带走了，所以他后来大概还是很怕白色毛茸茸的东西。更可悲的是，阿尔伯特 6 岁时死于脑积水。因为他不是（像华生所说的）一个正常、健康的男孩，他甚至不是一个合适的实验对象。批评人士还抱怨说，华生和雷纳将自己的主观判断作为记录阿尔伯特反应的一种手段。尽管华生的方法存在种种问题，但实验确实证实了人类易受经典条件作用的影响。

条件反射疗法

让人们害怕白鼠并不是一种运用条件反射特别有用的方法。1924 年，在华生的小阿尔伯特实验后不久，美国发展心理学家玛丽・琼斯（Mary Cover Jones，1897 年—1987 年）就在心理治疗上采用了经典的条件反射。她治疗一名叫彼得的男孩，他害怕兔子。过了一段时间，她将彼得暴露于有兔子的环境，让两只兔子慢慢地接近他，直到最后他能高兴地和兔子玩，甚至让兔子吮吸他的手指头。其他不害怕兔子的孩子也会在场，向彼得示范面对兔子的正常反应。这种行为疗法现在仍被用于治疗恐惧症。

操作性条件反射

经典条件反射通过训练被试将刺激与反应联系起来，从而通过一个联想的过程来学习一种行为。另一种类型的条件反射则从行为开始，从后往前发生作用。

亚历山大・贝恩（Alexander Bain，1818 年—1903 年）经常被称为英国第一位心理学家，他把所有的行为都归类为反射行为或自发行为。像任何动物一样，反射行为是对刺激的自动反应。如果有某物溅到眼睛里，反射动作就是闭上眼睛。自发行为最初是随机的，但产生良好反应的行为会被记住和强化。他用试误来描述学习，或者称为“自发行为学习”，这一过程后来被斯金纳称为“操作性条件反射”。

笼子里的猫

早期的行为主义心理学家爱德华·桑代克为后来的许多学习研究奠定了基础。他用动物做研究，通常是用猫。桑代克发明了一种被他称为“迷笼”的装置，动物可以通过按压杠杆从内部打开笼子。猫被放在笼子里，外面放了一小片鱼，以鼓励猫逃跑（而不是像猫可能会做的那样，在笼子里面睡着）。当猫探索自己周围的环境时，如果它绊倒在打开笼子的杠杆上，它就可以走出笼子吃鱼了。桑代克把同一只猫放回笼子里几次，记录它每次按压这个杠杆需要的时间。他发现，猫所用的时间在逐渐减少。

桑代克提出了“效果律”，他认为人们更有可能重复任何能够带来愉快后果的行为，且更有可能停止任何带来不愉快后果的行为。这一行为用日常语言来表达就是，如果你抓住黄蜂，它会蜇你，你就不想再抓另一只黄蜂了。如果你试吃一个草莓，感到它很好吃，你可能还想再吃一个。条件效应的强度取决于反应的强度。这个简单的定律看起来似乎不言自明，它构成了行为主义的基础，这是 20 世纪心理学最重要的运动之一。

联想主义和强化

联想主义者认为，如果不同的事物一起发生（接近），或者其经常在时间和空间上很接近（频率），或者它们有时候明显不同（对比），我们会在此基础上建立不同事物之间的联系。桑代克迷笼实验的研究使一种新的学习模式出现，人们将其称为强化。这种强化尤其适用于行为。如果人们的反应是积极的，就会鼓励这种行为的重复，行为就获得了强化。

选择和被诅咒

波兰神经学家杰泽·科诺尔斯基（Jerzy Konorski，1903 年—1973 年）是深入探讨操作性条件反射的第一人。科诺尔斯基和巴甫洛夫一起工作了两年。最初，他将新的条件反射称为“II 型条件反射”或“次级条件反射”，但是斯金纳常常将这个名字与操作性条件反射相关联。斯金纳在美国生活和工作，而科诺尔斯基则处于心理学的研究主流之外。斯金纳采取了一种极端的立场，他将其称为“激进的行为主义”，并毫不妥协地主张以下观点：首先，我们没有自由意志；其次，心理学上对认知活动没有得出真正的研究结果。他被称为 20 世纪最有影响力的心理学家。

斯金纳也像桑代克一样使用箱笼来实验动物的反应和学习，然后将研究结果应用于人类心理学。他使用的斯金纳箱有一个可以分发食物的杠杆，还有能够产生刺激光、可通电的网格和扬声器等装置。斯金纳最喜欢用的实验动物是小白鼠，也用过鸽子。他根据按压杠杆产生的结果来检验动物按压杠杆的行为，这些结果可能是正的、负的或中性的。他对动物的奖励和惩罚都进行了研究。

当小白鼠按压杠杆并得到食物时，这就是正强化，小白鼠按压杠杆的行为让其得到了奖励，它可能会重复这一行为。

如果笼子的地板网格轻微带电，就会让小白鼠感到不舒服，而它按压杠杆能使电流断开。这就是负强化，小白鼠的这种行为消除了不愉快的刺激，因此它也有可能重复这一行为。斯金纳在这个问题上对小白鼠进行了进一步的训练。如果在笼子的地板网格接通电源之前打开灯，小白鼠就能知道灯是一个信号，它在通电启动前立即接通杠杆就能使通电失效。

赌博的鸽子

2013 年，由珍妮弗·劳德（Jennifer Laude）领导的研究小组发现，一些鸽子喜欢赌博。研究人员给鸽子提供了两个可以啄的按键。其中一个按键给了 20% 的时间，鸽子啄完后会放出 10 颗食物，这是一次丰盛的奖励，但其余时间不会放任何食物；另一个按键在鸽子啄完后总会释放 3 粒食物。研究人员发现，一些鸽子更喜欢采用高风险的策略，他们通过进一步的实验表明，这些都是冲动的鸽子。为了测试鸽子的冲动性，他们又提供了两个按键，鸽子每次按压这两个按键都能释放食物，一个按键会在按压延迟 20 秒后释放大量的食物，另一个按键则会在按压后立即释放很少的食物。人类的强迫性赌博遵循类似的模式，这被认为是一种冲动障碍。

除了这些对行为的奖励方式之外，斯金纳也研究了惩罚。惩罚可能会涉及不愉快条件或愉快条件的消除。

在日常生活中，强化“良好”行为的每一小步并不常见。斯金纳按照时间变化的间隔安排强化，在两次强化之间有固定间隔或变化间隔，以及按照强化和非强化行为之间的固定比率和变化比率给予强化，基于间隔的强化计划会导致目标行为形成较慢。反应次数不会影响强化，只有时间会影响强化。这意味着，只要愿意等待，即使是最懒的被试都将得到强化。基于比率的强化计划会产生更高的反应率。由于被试不知道什么时候需要强化，他们就会反复尝试甚至疯狂地尝试来获得强化。

鸽子导弹

斯金纳箱并不是斯金纳第一次涉及设备制造。从少年时代起，他就喜欢制作各种奇怪的装置。第二次世界大战期间，他设计了鸽子制导导弹。这个导弹的鼻锥被分成三个隔间，每个隔间里有一个可供鸽子待的空间，经过训练的鸽子会在屏幕上啄食目标图片来引导导弹。如果鸽子啄的点（即目标）没有在屏幕中央，这种啄食会引发导弹对飞行路径进行调整。虽然该项目在证明可行性时取得了成功，并获得了 25 000 美元的支持基金，但人们在 1944 年又取消了该项目，以便将资金用于更常规的研究。

回到心智

行为主义学派认为学习是一个物理编程过程，这种解释并不能满足那些关注心智概念的心理学家。正如我们所看到的，格式塔方法的支持者反对那些将精神行为、知觉或经验分解成元素或区块的方法，他们拒绝接受行为主义者将心理过程简单地分为刺激和反应，而希望看到一种适合机体整体精神状态的学习模式。

沃尔夫冈•科勒尔在特内里费从事间谍工作期间（详见第3章"格式塔间谍"的内容），还尝试观察黑猩猩和鸡的学习情况。他观察黑猩猩如何使用工具（如盒子、杆子或棒子）来获得食物，如果它们不使用工具就无法获得食物。他得出结论，复杂的动物通过一个认知试误系统进行学习，考虑可能的解决方案，并在最可行的方法付诸实践之前进行心理上的尝试。在那一刻，动物似乎是通过顿悟来找到答案的。

一个问题要么被解决，要么没被解决，它没有中间状态。当顿悟学习发生时，在这个系统里，学习的结果比死记硬背的学习或试误行为更具有心理上的黏性。顿悟来自个体自身的经验、记忆和心理场的组合，它是由人们对问题结构和情境的理解而产生的。

鸡吃黑纸上的东西，还是白纸上的

除了黑猩猩，科勒尔也对鸡做了很多研究工作。在一次实验中，他在白纸和灰纸上撒了些谷物，放在鸡面前。他赶走了那些想吃白纸上谷物的鸡，而让它们吃灰纸上的谷物。最后，那些鸡都知道自己可以从灰纸上吃东西，但不能从白纸上吃东西。他成功地教会了小鸡条件反射或在小鸡身上建立了条件反射。

然后，他用灰纸和黑纸重复了这个实验。按照一个标准的行为模式，鸡应该会立即去灰色的纸上吃东西，因为它们已经习惯选择灰纸。而事实上，鸡径直走到了黑纸上。科勒尔认为，鸡学到了基于亮度对比的模式：在两种颜色的纸中，只有颜色更暗的纸上的食物可以吃，而不能吃灰纸上的食物。鸡学到的是一个原则（从颜色更暗的纸上吃东西），并将相同的原则运用到一个相似的情境中去，这个过程被科勒尔称为“换位”。

深入了解洞察力

韦特海默发现，如果人们有洞察力，他们就会学得更好。每个人都有不同的学习方式和来源。因此，人们不一定只有一种最好的学习方法，学习是高度个性化的。重复的个人经历会形成一套痕迹系统，记忆和学习都是通过这个系统工作的。例如，我们对猫的认识依赖于自己以前与猫的接触以及对它们的记忆。对于猫，我们每个人都有与之相适应的概念（或图式）；或者随着时间的流逝，我们遇到了更多的猫，对其认识得到了进一步强化。虽然猫的一些特征是共同的（如猫一般的外貌），但从个体对猫的不同经历中可以提取猫其他方面的特征。那些想起自己童年时期养过的心爱宠物的人与那些曾经被一只凶恶的猫攻击过的人，他们对猫的印象大不相同。

关于学习的一些理论

格式塔心理学家对认知学派有相当大的影响，他们将发现知识和建构意义作为学习的中心。毕竟，学习不仅指的是寻找一条走出迷宫的路或者开始说话和走路，还和教育有关。认知心理学家们看到学习是高度个性化的，这取决于个人已建立的许多联想和现有经验，就像在巴特莱特和皮亚杰的图式理论以及皮亚杰的儿童认知发展阶段论中所体现的那样。

即使是行为主义者爱德华·桑代克也承认，行为主体的先验知识和联想模式或已有的刺激反应模式都与未来的学习有关。桑代克是第一个提出学习古典文学对学习其他领域没有帮助的人。事实上，精通一门学科并不能帮助个体学好另一门学科，除非它们直接相关，同样还有可转化的技能或知识。他提倡组块学习，将学习材料与学习者自身的条件和生活建立关联。

> 如果有一个精巧的机械设计能够创造出这样的奇迹，那么一本书也可以这样安排，只有学会第一页内容的人才能看到第二页。那么，现在许多需要个人指导的学习都可以使用印刷书本来管理学习过程。
>
> 爱德华·桑代克（1912 年）

皮亚杰的发展阶段

出生 ~2 岁：感知运动阶段——学习客体永久性；
2~7 岁：前运算阶段——孩子以自我为中心；
7~10 岁：具体运算阶段——理解数量和体积守恒；
11 岁及以上：形式运行阶段——可以操纵观念以及可以进行抽象推理。

在 18 世纪之前，人们把孩子看作成人的缩小版。他们在很小的时候就和成人穿一样的衣服，除非家庭很富有，不然他们也要去工作。英国的约翰·洛克和法国的让-雅克·卢梭首次提出童年期是一个状态特殊的阶段。

教育家和心理学家约翰·杜威强调了学习与学生相关的重要性。他还认为，学习材料应该鼓励原创性思维和解决问题。皮亚杰认为，教育应该考虑到孩子的认知发展，他把孩子的认知发展划分出清晰的发展阶段。这种观点并不是完全新奇的，1762 年出版的《爱弥儿》（*Émile*）一书是西方世界关于教育哲学的第一本书。让-雅克·卢梭认为，人们的宗教教育应在青春期前有所保留，

因为个体在这段时间之前的思想还不太成熟，他们难以理解宗教知识和信仰的含义。一个年轻的孩子产生的思想只能是宗教教义的人云亦云，而没有自己充分的理解或信念。

> 教育中最高尚的工作就是培养一个理性的人，我们期望通过培养理智来教育一个孩子！这是从结果开始的教育，这是服从结果的指导。如果孩子懂得如何推理，他们就不需要接受教育了。
>
> 让－雅克·卢梭（1762 年）

卢梭建议，教育最好是通过探索和发现来实现。他举了一个例子：向一个男孩展示了地上风筝的影子，并要求他算出它的位置。他建议，应该允许孩子通过自己行为的后果来学习（这种以儿童为中心的教育只针对男孩），尽管孩子的导师会让其免受真正的伤害。从卢梭到现代教育家约翰·杜威以及意大利医师和教育家玛丽亚·蒙台梭利（Maria Montessori，1870 年—1952 年）秉持的抚养孩子的中心观念都遵循的是同一条主线（作为一个在儿童养育方面的有巨大影响力的指导者，卢梭本人不是一个好父亲。他将自己的孩子送往孤儿院，而不想被抚养孩子的事情所烦扰或者不想支付抚养孩子的费用）。

皮亚杰认为，认知发展是遵循生物设定的，不能强迫孩子加快认知发展的速度，超过儿童认知发展阶段的学习任务注定会失败。他提倡积极主动的学习，这种学习应该以发现为基础。基于皮亚杰在 20 世纪 50 年代的研究，普劳顿·李普特（Plowden Report，生于 1967 年）在英国为小学教育设计了课程方案。

电脑记忆，人类记忆

从 20 世纪 60 年代开始，研究者提出了基于计算机模型的认知方法，并将其作为人类的信息加工机制。如果一台机器可以加工信息，并有我们可以谈论的内部状态，那么为什么不能这样考虑人类的心智呢？图式的概念与计算机的数据存储和操作结构非常相似。1968 年，美国心理学家理查德·阿特金森（Richard Atkinson，生于 1929 年）和理查德·谢夫林（Richard Shiffrin，生于 1942 年）提出了人脑记忆的阿特金森 – 谢夫林模型，它非常类似于计算机处理输入数据和存储数据的方式。该模型提出了三个组成部分。

- **感觉缓冲器。**每个感官都有一个缓冲区，这个缓冲区可以接收感官信息但不去处理。信息会在此短时间存储，当受到注意后，这些信息就会传递给短时记忆。
- **短时或工作记忆。**接收和保存来自感觉记忆或长时记忆中输入的信息。
- **长时记忆。**无限期储存信息。

感觉缓冲是过滤过程的一部分，它允许我们选择注意哪些刺激。因此，我们可能会看到一个完整的场景，但只注意到一些相关的事物，如威胁、一个我们正在寻找的东西或者我们知道的一个人。

1956 年，根据美国认知心理学家乔治·米勒的研究，我们可以在短时记忆中保留 5~9 个项目。短时记忆中的信息在 18~20 秒内就会衰减或遗忘，除非这些信息被复述，即个体对此付出持续而重复的注意。

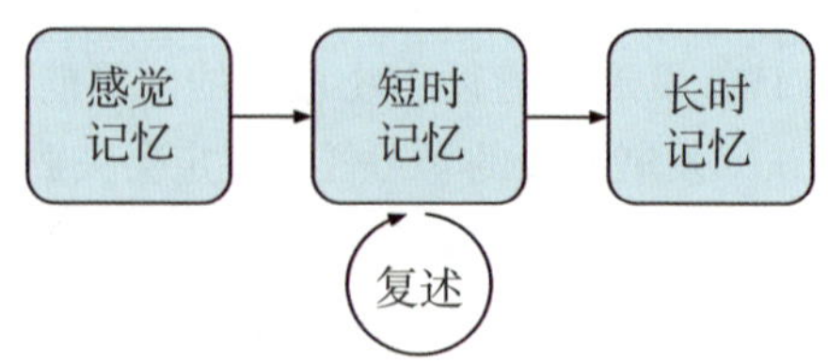

长时记忆中的信息可以存储一辈子。这些信息如需要再现，就必须回到短时记忆中。个体在长时记忆中储存信息的能力似乎是无限的，我们从未停止学习东西。在某些情况下，记忆的内容无法提取，但我们一般认为它们是存在的：我们不记得婴儿时期的事件，但它们可能存储在大脑中的某个地方。

虽然该模型自提出以来就一直受到批评，但其影响力仍在。

神经心理学解释这一切

神经心理学试图根据大脑的生理过程来解释人类的心理活动，这些心理活动包括生化过程、神经电活动以及大脑的生理结构。

加拿大精神生物学家唐纳德·赫布（Donald Hebb，1904 年—1985 年）声称自己发现了联想学习机制背后的神经过程，但他很快又发现没有相应的大脑生物机制能支持联想主义。实际上，他发现新感知或注意力转移会触发一系列神经元，他称其为一组“细胞集合”。例如，赫布解释了一个孩子在听到脚步声后如何触发一组细胞集合，从而形成了一系列感知。当孩子下一次听到脚步声时，这组细胞集合会再次兴奋。如果孩子听到脚步声或孩子的父母出现了，另一组细胞集合将会兴奋起来，负责查看父母。一组细胞集合激活后会持续一小会儿，他将其称为神经活动的回响。这意味着，如果在很短的时间内激活另一组细胞集合，两个集合单元就可以关联起来。他将像这样联结的多组细胞集合称为“相位序列”。

所以，孩子听到脚步声后看到爸爸或妈妈，这个过程会形成一个相位序列。在这个序列中，孩子的第一个感知是脚步声，感知到脚步声的这组细胞集合会自动激活第二组细胞集合。在父母到来之前，这组细胞集合就会兴奋起来，所以孩子会预期父母的到来（并且有可能变得兴奋）。罗伯特·瑞斯克拉发现的经典条件反射会在意外的环境中消退也是这个道理。细胞集合和相位序列可以由一个真实的外部感知（在本例中指的是孩子听到的脚步声）重新激活，也可以由一个想法重新激活。例如，当我们周围没有牛的时候，这一过程可以使我们的大脑中浮现一头奶牛的形象，形成奶牛概念的相关感知早已经联系在一起了。赫布认为，婴儿主要是以“联想”的方式学习，在神经之间建立联结，形成细胞集合和相位序列。成年人已经做了许多这样的工作，并通过上述过程认识和理解了环境，他们的学习方式与儿童不同，主要通过创造力和洞察力来重新组合现有的细胞集合和相位序列。

神经元

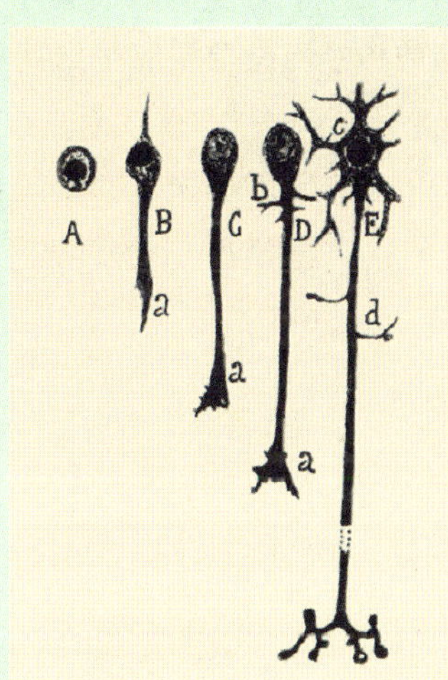

1906 年，意大利医生和科学家卡米洛•高尔基(Camillo Golgi，1843 年—1926 年）和西班牙神经学家圣地亚哥•拉蒙–卡哈尔（Santiago Ramón y Cajal，1852 年—1934 年）发现了神经元，共同获得了诺贝尔生理学或医学奖。神经元是一种神经细胞，它们将信息作为电和化学信号传入、传出中枢神经系统（CNS）或者在中枢神经系统内部传递。感觉神经元从感觉器官到中枢神经系统传递有关环境的信息（视觉、听觉、触觉等）。运动神经元从中枢神经系统向肌肉传递信息以控制运动。在中枢神经系统中，中间神经元在脊髓和大脑中相互联接，并传递和加工信息。

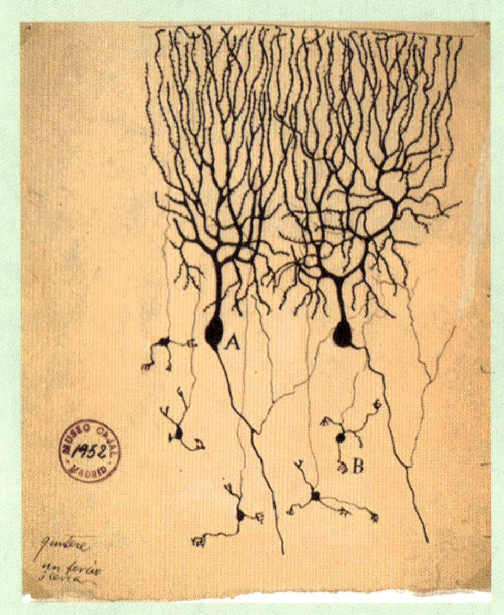

人类有许多不同类型的神经元，但它们通常由一个细胞体、一个轴突（轴突是细胞体的一个较长的延伸，人类的轴突能延伸至1米长）和树突（轴突的分叉）组成。一个神经细胞可能有数百个树突，它们使一个神经元能够与许多其他神经元联接。神经元之间的联接发生在突触上，突触之间有微小的间隙，化学物质在间隙中将信号从一边传递到另一边。人类的大脑中有85亿~100亿个神经元，而突触的数量可能是神经元的1000倍。研究人员已经将大脑的神经网络模型应用到计算机系统的设计中。

THE STORY OF PSYCHOLOGY

第6章

是什么使你成为“你”

界定自我

> 许多心理学家都喜欢用大写字母“S”来表示自我，仿佛自我是一件非常珍贵、有价值的东西。他们发现自我的过程就像在挖掘宝藏。“自我”就意味着不存在，因为它是由其他人来定义的。
>
> 德国心理学家弗烈兹·皮尔斯（Fritz Perls，1893 年—1930 年），完形疗法的开发者

1795 年，不幸的天文学家大卫·金布鲁克失去了自己的工作（详见第 2 章“心智科学的开始”的内容），原因是人与人实际上并不完全一样。他的反应比自己的同事慢，但却不能通过任何努力来改变这个生物学事实。究竟是什么让一个人在心理或其他方面不同于别人？

先天与后天

我们都是不同的，但又都有相似之处。特别是，我们与自己最亲近的家庭成员有着相似的特点。我们中的许多人也与家人、社会或文化群体有着共同的个性、行为和信仰。

心理学中有一个核心的、尚未解决的问题：我们的性格、能力和行为有多少可以由自然因素（遗传）来解释，有多少可以通过后天培养（我们成长的方式和环境）来解释。自洛克时代起，在先天与后天之争中，白板说就与“养育”紧密联系，因为如果人的心智是从什么都没有开始发展的，我们就完全受控于儿童成长的环境以及成长的方式。

先天和后天观都可以用于支持关于人的个性和命运的高度决定论的观点：一个人可能天生就有犯罪倾向，因此基因就会迫使他做坏事；或者这个人成长于某个环境中，这个环境就会导致他发展出做坏事的内在冲动。双生子的研究或收养儿童的研究通常用于人们了解生物因素和养育环境对个体的影响（详见本章“遗传彩票”的内容）。

自由意志与决定论

另一个问题是：一个人究竟能在多大程度上抵御这些遗传或环境的影响，即我们是否有自由意志，或我们的行动是否是被决定的。当我们认为任何抵抗遗传、环境影响的欲望或冲动本身是性格的一个方面、是遗传或环境的产物时，这个问题就更加复杂了。

我们是否能控制自己是个什么样的人？这是一个重要的问题，它不仅对于理论心理学而言非常重要，也适用于法律和教育等实际的应用学科。如果有人由于基因遗传而发展成为精神病患者，他们需要为自己的变态行为负责吗？如果一个人在被虐待或者荒谬的偏见环境中养成了虚伪的性格，那么他们需要为自己的观点和行为负多大的责任？

占星术

千百年来，世界各地的人们都相信，我们的人格是由天体的排列所决定或影响的。本命占星学（根据出生日星座占卜运势）大约在公元前 6 世纪开始兴起，现存最早的星座可以追溯到公元前 410 年。本命占星术的核心是相信一个人出生那天的行星和恒星的位置可以用来预测其个性，甚至能预测其将来的生活中可能发生的事件。现在，有些人仍相信这一点。这一点毫不奇怪，人们并无证据表明人格与星辰的位置有关。尽管如此，占星术为人们提供了对人格最早的解释。

占星学的兴起、衰落和兴起

占星术在世界不同的文化中各自独立地发展，包括古巴比伦、印度、中国和中美洲。古巴比伦的各种传统理念在古埃及和古希腊得到了延续，并从那里传到罗马。罗马帝国衰落后，占星术在欧洲衰落，但在那些以阿拉伯人为主的国家得到了繁荣。大量的希腊文和阿拉伯文书籍被翻译出来，使占星术在中世纪的欧洲重新兴起。医生在开始对病人治疗前，还要了解星座占卜的情况。即使一些伟大的文艺复兴时期的科学家和天文学家［如丹麦天文学家第谷·布拉赫（Tycho Brahe，1546 年—1601 年）、意大利博学家伽利略·伽利莱（Galileo Galilei，1564 年—1642 年）和德国数学家约翰内斯·开普勒（Johannes Kepler，1571 年—1630 年）］都进行过星座占卜，他们并不一定都相信占星术，但它是一种有效的信息来源。

当一成不变的宇宙旧模型被推翻时，占星术开始失去可信度。随着彗星的发现和新恒星的出现，占星学的前提被彻底破坏了。在人们试图几次支持它之后，它终于在 18 世纪被完全抛弃了。占星术在当代的再现来自一家英国国家报纸《每日快报》（*Daily Express*），其为 1930 年英国公主玛格丽特的诞生进行了星座占卜。

体液的好坏

在 2000 多年的时间里，关于身心模型最广为人知的观点都是希波克拉底（Hippocrates，生于公元前 450 年）和后来的盖伦提出的理论。他们用体液理论来解释身心健康以及不同的气质或性格，认为人们身上有 4 种物质，也称为“体液”：血液、黏液、黄胆汁和黑胆汁，并认为 4 种体液在每个人身上的比例是不同的。

古希腊医生希波克拉底和生活在古罗马帝国的希腊医生盖伦中间隔了 600 年。像希波克拉底一样，盖伦将当时所有的医学知识编纂成一部纲要，并贡献了自己的研究和想法。希波克拉底和盖伦都认为，身心的健康和疾病出现都受体液平衡的控制。当这些体液比例合适时，身体和精神都是健康的；当其中一种体液过多或者缺乏时，就会导致疾病出现，只有体液再次平衡之后才能恢复健康。

体液平衡的变化与人的饮食、活动、年龄、生活方式以及疾病有关。此外，每个人都有不同的自然气质。比如，一些人天生黄胆汁过多，则会脾气暴躁，他们经常对下属和家人大喊大叫，容易动怒，甚至由于一些轻微的不便或遭遇一点儿挑战就大发脾气。如果一个人天生血液比其他体液更多，则会有一个乐观的性格。如果一个人黑胆汁过多，则会性格忧郁。如果一个人黏液过多，他如果不出意外的话，则会性格沉静。

体液	气质	性格特征
黏液	黏液质	冷静
血液	多血质	开朗
黄胆汁	胆汁质	暴躁
黑胆汁	抑郁质	悲伤

体液理论一直延续到 19 世纪。它对性格提出了第一个伪生物学的解释，显然秉持的是先天大于后天的观点。而实际上，环境因素（如饮食或生活在潮湿的地下室等）也会影响体液平衡，进一步影响人的气质和性格。

外貌就是一切

我们相信，有些人的性格可以从他们的脸上看出来，这种观点在古希腊时就已经存在了。这种观点在中世纪的欧洲也很普遍，直到文艺复兴时期都还有大学教授从人的面部特征中更好地了解一个人的性格。当然，并非每个人都接受这种观点。在英国，这种观点最终被亨利八世宣布是非法的，他想要通过“微妙的、教化的和非法的手段”（如相面术或相手术）来摆脱那些乞讨者和流浪者。达·芬奇（Leonardo da Vinci）认为这种观点是错误的，没有任何科学依据。另一方面，他认为，随着年龄的增长，脸上出现的皱纹可能会为人们了解个体的性格带来一些启发，因为这些面部皱纹是一些习惯性的面部表情（如微笑或皱眉）留下的痕迹。

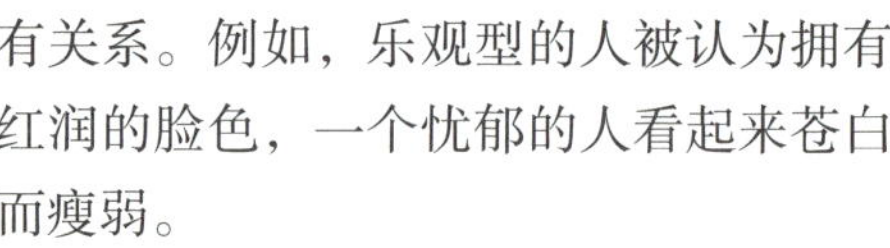

体液理论与四行理论密切相关，古希腊人认为万物是由土、火、水和空气四种因素构成的。尽管这四种因素中最主要的成分是空气，但当时的人们认为在黑胆汁中占主导地位的是土，黄胆汁中是火，黏液中是水，血液中则包含所有四种元素。

体液理论有助于人们从外表来判断性格，体液的比例会影响一个人的身体以及心理状态。基于这一理论，人的外形可能会和气质之间有关系。例如，乐观型的人被认为拥有红润的脸色，一个忧郁的人看起来苍白而瘦弱。

18 世纪，相面术由瑞士诗人和牧师约翰·卡斯帕·拉瓦特尔（Johann Kaspar Lavater，1741 年—1801 年）恢复并使其流行起来。他相信“灵魂与肉体之间存在着一种确切的关系”，而他得出的一个不幸的结果是提倡外表美代表美德的观点。他的工作颇具影响力，德国解剖学家和生理学家弗朗兹·约瑟夫·加尔（Franz Joseph Gall，1758 年—1828 年）也深受其影响。

大脑和隆起

加尔是第一个区分大脑灰质的人，大脑灰质是由神经元组成的，而白质则包含负责与大脑联接的神经束。加尔不仅相信大脑的不同区域（“器官”）在执行不同的任务（称为功能定位），还相信头骨的形状反映了大脑的精细结构。他认为，通过测量颅骨的突起和隆起，可以确定不同“器官”的大小，从而详细了解人的性格。他的头骨测量法被称为颅相学，但却不受当局的欢迎，教会认为它是反宗教的，1802 年，奥地利政府禁止了他的讲座。三年后，他被迫逃离了这个国家。

看手相

相手术（即相术和手相术）指的是相信可以从一个人的手纹上看出其性格和未来。它有着悠久的历史，并且早已在中国、波斯、苏美尔、古以色列、美索不达米亚以及欧洲等地区存在。希波克拉底在诊断时也会查看患者的手掌。亚里士多德评论道：“掌纹并不是毫无道理地出现在人的手掌中，它们来自天堂的影响以及人自己的个性。”中世纪的欧洲教会压制相手术，将它看作一种异教迷信。在文艺复兴时期，手相与巫术都属于禁术。1839 年，相手术由于在出版物上被刊登而再次在欧洲出现，这是一篇由法国陆军军官撰写的、主题为相手术的颇具影响力的论文。这位法国陆军军官就是卡西米尔·斯坦尼斯拉斯·达本泰尼（Casimir Stanislas D'Arpentigny，生于 1798 年）上校，他在西班牙的军事行动中被一个吉普赛女孩看过手相，从此就对相手术非常感兴趣。19 世纪后半期，相手术变得越来越流行。

人有四种气质：淋巴质（黏液质）、多血质、胆汁质和神经质（抑郁质）。人们可以观察到，不同气质的人有不同的外部特征。淋巴质（黏液质）的人身材圆胖，肌肉绵软无力，细胞组织充血，有金色的头发，脸色苍白。这种气质的人通常伴随着慵懒的行动以及衰弱而缓慢的血液循环，其大脑作为身体系统的一部分也是缓慢、慵懒和无力的，心智活动同样也表现得很衰弱。多血质的人外形俊朗，体型适中，肌肉有弹性，有浅色的、偏栗色的头发，蓝色的眼睛，白皙的皮肤，红润的面容。这种气质的人很有活力，喜欢运动，表情愉快。其大脑状态一般，但却充满生机与活力。纤维质（通常，但并不恰当地将其称为胆汁质）的人有黑色的头发、黑皮肤，肌肉健壮结实，轮廓硬朗。这种气质的人行动充满能量，大脑活动也是如此，而他们的面容则表现出坚强而决断的特点。神经质（抑郁质）的人头发细薄，皮肤也很薄，肌肉组织瘦弱，肌肉的运动速度很快，面容苍白，但往往健康状况不好。其整个神经系统（包括大脑）是积极和精力充沛的，心理表现也同样活泼而强大。

英国科学作家和演说家威廉·玛窦·威廉姆斯（William Mattieu Williams，1820 年—1892 年），《为颅相学辩护》（*A Vindication of Phrenololgy*，1894 年在其去世后出版）作者

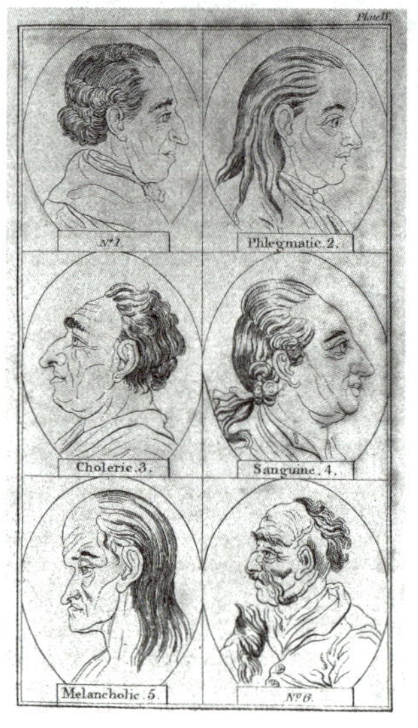

约翰·加斯帕尔·伯茨海姆（Johann Gaspar Spurzheim，1776 年—1832 年）曾作为加尔的助手，在美国进一步发展和推广了颅相学。一些颇具影响力的作家，如美国的沃尔特·惠特曼（Walt Whitman）、埃德加·爱伦·坡（Edgar Allan Poe）、马克·吐温（Mark Twain）和赫尔曼·梅尔维尔（Herman Melville），英国的艾米莉·勃朗特（Emily Bront）、查尔斯·狄更斯（Charles Dickens）则认真地看待这一问题，并将其运用到他们的作品中，从而增强了其作品对读者的吸引力。

达尔文的懒鼻子

相面术被充分受到重视。英国博物学家查尔斯·达尔文差点错过了一趟旅途，而他正是受到这趟旅程的启发而发展出了进化论。这艘船的船长罗伯特·菲茨罗伊（Robert FitzRoy，1805 年—1865 年）是一个狂热的相面术爱好者，认为达尔文鼻子的形状表明他缺乏决心，并因此差点拒绝他上船。

不幸的是，对相面术和颅相学的研究是由具有种族歧视倾向的白人科学家进行的，这使他们认为其他种族头和脸的形状表明其有较低的道德标准和更低的智商。

天生的罪犯

意大利犯罪学家塞萨雷·龙勃罗梭（Cesare Lombroso，1835 年—1909 年）将社会达尔文主义与心理学和相面术相结合，提出了自己的罪犯类型理论。他认为，犯罪行为至少在严重犯罪或持续犯重罪的情况下是遗传的，并认为犯罪就代表着返祖，即回到人类进化的早期阶段。他相信，人们可以通过“类人猿般的身体特征”来识别罪犯，比如前额倾斜、长臂和突出的下巴，大小不一的耳朵和不对称的脸或头也被认为是罪犯的共同特征。但是，罪犯所有的特点并不都是显而易见的。他认为罪犯有特别敏锐的目光、减少疼痛感的能力，但缺乏悔恨或道德感，以及具有一种残忍、虚荣的倾向，且容易冲动和报复他人。也许，罪犯最后的特征——残忍、冲动和报复都与其暴力犯罪的生活相关，但罪犯耳朵的大小似乎不太可能是其特征。龙勃罗梭的理论在欧洲几乎得不到支持，但在美国却具有很大的影响力，并导致犯罪人相学观点的产生。

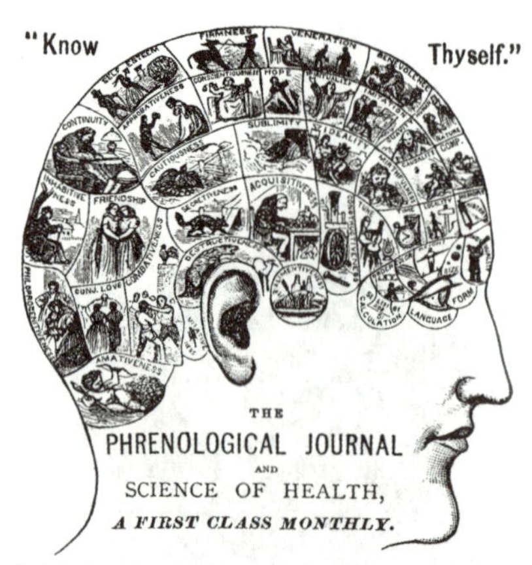

社会达尔文主义

如果体液以及遗传导致的大脑的强弱会促使个体以某种方式行事，这就说明人们无法控制遗传特征带来的强烈影响。这是 19 世纪后半期出现的一股强大的思想潮流，当时达尔文的进化论正在影响科学的方方面面。达尔文的进化论对新兴心理学领域的影响非常大。英国心理学家弗朗西斯·高尔顿（Francis Galton，1822 年—1911 年）因其智力测试的工作而出名，还因其建议不聪明的人不应该被抚养大而臭名昭著。他创造了“自然对抗后天”的说法，完全支持先天的决定性影响，这一观点获得了他的同卵（相同）和异卵双生子（非相同）研究结果的支持。

高尔顿和其他人试图将达尔文的自然选择原则扩展到社会领域，这种方法现在被称为社会达尔文主义。它涵盖了一种信念，即“更好”的人会茁壮成长，而“弱”的人将会或应该走向灭亡。它可以表现在自由放任的资本主义制度中，老弱病残者得不到财政或社会支持。这也导致了优生政策，旨在通过削减那些被认为对人类基因库有害的群体（如慢性病人、残疾人、精神病患者、同性恋者和一些少数种族群体）的繁殖来改善人类。

遗传彩票

自从达尔文有关进化论的著作出版和格里哥·孟德尔（Gregor Mendel，1822 年—1884 年）

建立了遗传学之后，“我们的许多个人特征都是来自于遗传”这一观点已经被许多人普遍接受。然而，眼睛、肤色和鼻子形状等容易量化的物理特征比心智特征更容易遗传。我们都有这样的亲身体验：人们似乎与自己的父母或兄弟姐妹有着共同的心理特征。但是，一个人的坏脾气在多大程度上是遗传的结果，又有多少是由于人成长在一个坏脾气的家庭而造成的呢？人们很难分清遗传和环境对性格和智力发展到底有多大作用。

虚构的罪犯

在 19 世纪出版的小说中，我们可以看到这样的内容，即一个人的外表反映了他的犯罪天性。在《雾都孤儿》（*Oliver Twist*）一书中，狄更斯描述了罪犯费根，他是“一个很老的、干瘪的犹太人，他那邪恶和丑陋的面孔被一大簇乱蓬蓬的红头发遮住了”。当他在《远大前程》（*Great Expectations*）中第一次描述犯人马格韦契时，他并没有描述这个人的外表，而只描述了他的衣服和身体状态，因为马格韦契这个人将来会慢慢变好：

“这是一个可怕的人，他的全身都是灰白色的，腿上拴着一块很大的铁块。他没戴帽子，穿着破鞋，头上绑着一块破布。他全身被浸泡在水中，满身泥巴，石头弄跛了他的脚，燧石划破了他的手，荨麻刺伤了他的身体，荆棘撕裂了他的衣服。他一瘸一拐地走着、颤抖着，瞪着眼睛咆哮着。他一把抓住我的下巴，牙齿在嘴里‘格格’作响。”

双生子研究

要证明一个人的人格有多少是由遗传（即由先天）决定的，其中一种方法就是对同卵双生子的研究。1870 年，第一个双生子的研究是由高尔顿进行的。他用问卷评估心理特质，并认为先天（遗传特征）在人格形成上具有最重要的影响。行为主义者爱德华・桑代克用 50 对双胞胎进行了第一个双生子的实验研究。他对不同年龄（9~10 岁和 13~14 岁）的双胞胎们进行了测试，研究结果表明，遗传的重要性随着年龄的增长而降低。因此，双胞胎可能在出生时具有相同的遗传基因和环境，但当他们发展自主性并有不同的经历时，其性格就会开始有所不同。后来的研究已经证实了遗传和基因对性格的影响。

请微笑，或者别笑

拍照在相面术的发展中发挥了重要作用，被用于划分智力类型。拍照兴起于 19 世纪，它意味着那些在精神病院工作的人可以给健康人群以及患不同疾病、处于患病不同阶段或状态的病人拍照。这一方法提供了大量的实例，而且与素描相比为人们提供了更丰富的信息。龙勃罗梭和高尔顿都用照片来建立犯罪或心理类型；神经学家让 - 马丁・沙尔科拍摄了自己催眠的患者，来演示他们歇斯底里的不同阶段。

智力案例

智力的遗传已被证明是一个政治难题。但高尔顿却对此泰然自若，他不仅非常乐意研究这个问题，还建议那些智力低下的人应该去修道院“找一个欢迎他们的避难所”，并在那里独身一辈子，而不是将他们的缺陷基因传递下去。他在自己进行的第一项对天才的研究中，使用了一种自己设计的“历史计量学”方法，用来确定智力是否可以遗传。他通过统计各类传记来计算一个人拥有的显赫亲属的数量，并由此推断出遗传的智力模式。他发现，统计结果越靠近谱系下降的直线部分（父母—孩子），就越有可能发现成就卓越和遗传之间的联系。这种方法依赖于聪明的人选择（或进入）某个工作领域，并且成就卓越。他的研究结果表明，智力是可遗传的，但有关环境对实现潜在智力的影响却没有任何描述。

20 世纪上半叶，智力测试处于一个持续发展的领域，也是当时发生的一个大事件。到 20 世纪后半叶，基因的组成对智力发展有显著影响的说法在政治上变得敏感起来。如果有些人天生就不如另外一些人聪明，那么他们就不能获得帮助，因为他们生来就是这样。对教育模式和社会的精英模式来说，这是一个棘手的问题。20 世纪晚期和 21 世纪初的研究发现，智力是由遗传和环境共同作用形成的。这一常识引导我们去期待：一个人可能天生就在某一方面具有成功的可能性，但这种潜力是否会实现取决于其家庭环境和在童年时获得的机会。

双胞胎的天性与教养

同卵（相同的）双生子如果在出生后被分开抚养（即在不同的家庭中长大），那么这样的双胞胎就对我们探讨研究目标十分有用。他们有相同的基因组成，但不同环境对其造成的影响不同。通过比较，我们就能推导出他们的哪些特点可能是遗传的结果，而哪些特点是由于环境因素造成的。但是，我们对出生后没有分开抚养的双胞胎进行的研究也很有趣。我们对同卵双生子患精神分裂症的研究显示，双胞胎同时感染精神分裂症的概率只有 50%。精神分裂症并非是完全遗传的，否则，如果同卵双胞胎中的一个患病了，另一个也会患病。

建立“你”

虽然一些哲学家和心理学家认为先天因素对人格发展具有重大影响或负全部负责，但也有许多人认为后天因素（养育和抚养等环境因素）应该对人的发展负全部或部分责任。

定义智力

智力是一种包含范围非常广泛的能力，它包括思考、计划、解决问题、抽象思考、理解复杂想法、快速学习和从经验中学习的能力，而不仅仅是从书本中学习、一种狭义的学术技能或一种考试技巧。实际上，它反映了一种更广泛、更深刻地理解我们周围环境的能力——“捕捉”“理解”事物或者“弄清楚”该做什么。

美国教育心理学家琳达·S. 戈特弗莱森（Linda S. Gottfredson，生于 1947 年）

早期的环境主义者

洛克认为心灵是一块空白的石板（一块白板），所以没有什么是与生俱来的，经验主导一切。他认为教育是最重要的：“我想我可以说，在我们遇到的所有人中，10 人中有 9 人的优点、缺点、有用与否都是由于自己的教育造成的。”

他警告说，人们应该特别注意小孩子们接触到的观念和刺激，因为印在他们心灵白板上的第一印象非常重要：“那些让柔弱的婴儿接触到的微小的、几乎感觉不到的初期印象有着非常重要而持久的后果。”例如，他建议不要给孩子讲关于妖精的恐怖故事，或者让孩子恐惧黑暗。

卢梭不同意洛克的白板说。他认为人类天生是高贵和善良的，所以我们的心智具备先天的素质。他认为环境和经验造成的影响通常会导致那些小而高尚的思想潜力的丧失：“一切在刚离开造物者之手时都是美好的，而一切又都在人类的手中堕落。”

大卫·休谟是一位与卢梭同一时代的哲学家，他的观点走的是中间路线。他看到所有的人都被激情所控制，当然尽管受控程度不同，我们都会受控于同一种激情。我们不同的激情模式定义了我们性格的出发点。然而，我们又都有不同的经历。我们在生活中的遭遇加上个人的激情（性格）决定了我们应该学习什么以及如何应对未来的事件，而以前的经历和个性则构成了我们的生活。

神童

在 21 世纪初的一系列研究中，凡得棼特（L.R. Vandervert）用正电子发射断层扫描（PET）脑成像技术研究天才儿童的大脑活动。他发现，有天赋的人大脑的某些部位（那些与其特定技能相关的区域）比那些天赋较低的人发育得更好。特别是，他们更多地利用了长时记忆。象棋老师拉扎罗（László）将自己的 3 个女儿培养为世界级棋手并获得了成功，很显然，他本人就有下棋的才能，因此，遗传因素是不能排除的一个重要因素。德国作曲家乔治·弗里德里希·亨德尔（George Frideric Handel，1685 年—1759 年）很有音乐天赋，尽管他的家庭环境不好，但其天赋仍得到了充分发展。虽然他的父母并不鼓励他去演奏音乐（事实上，他们对此非常反对），但他却成了一个有造诣的音乐家：

“他发现自己对音乐有着强烈的热爱，但他的父亲总是想让他学习民法，他感到害怕。亨德尔的父亲严格禁止他玩任何乐器，但他通过一些办法私下获得了一架古钢琴，并偷偷地放在房子顶部的一个房间里。在家人睡觉时，他经常偷偷地练习。”

亨德尔的第一位传记作者，约翰·梅因沃林（1760 年）

测量智力

弗朗西斯·高尔顿是第一个测试智力的人。在智力的产生问题上，他赞成先天遗传观。1865 年，他建议通过选择性育种对人类繁殖给予进化的帮助，并将其称为“优生学”。1905 年，阿尔弗雷德·比奈（Alfred Binet）和西奥多·西蒙（Theodore Simon）发展了更好的智力测试，即比奈–西蒙智力量表，可以用其来比较被试与同龄人的一般智力水平。1911 年，威廉·斯特恩（William Stern）将比奈–西蒙智力量表测试所得的智力年龄除以实际年龄。1916 年，刘易斯·特曼（Lewis Terman）将斯特恩得出的结果乘以 100，得到现在大家熟悉的 IQ（智商）：

智商 = 智力年龄 / 生理年龄 × 100

“你”的部分

最早的实验心理学家对一个人与另一个人的不同之处并不感兴趣。冯特及其继任者们对抽象的心智及其过程（而不是人格的构成）更感兴趣。19 世纪 90 年代，西格蒙德·弗洛伊德的工作让“自我”爆发，把心灵分为三个部分来描述：本我、自我和超我。其中有两个部分是我们与生俱来的（本我和自我），但另外一部分是我们在童年时建立起来的。超我的价值观是由文化决定的，因此，环境和经历的影响至关重要。

根据弗洛伊德的观点，我们都有共同的驱动力（性欲），这种驱动力代表本我。我们在多大程度上会跟随这些驱动力，它们都是由自我在本我的驱力和超我的规则之间的平衡所决定的，超我的规则是在个体的生活中发展起来的。

如果有冲突，原始的驱力可能被压抑，迫使这些不舒服的体验进入潜意识，并在那里对个体造成了伤害。总的来说，弗洛伊德发现，性冲动或经历的一个方面导致产生了性格问题。

对弗洛伊德来说，无意识是思想领域之王。因为，从本质上来说，我们不能直接检查无意识，而需要寻找其他途径来进入无意识。一种方法是通过梦，另一种方法是通过精神分析中的自由联想（详见第 8 章“精神解释一切”的内容）。弗洛伊德的观点是具有高度决定性的，早期的经验在成人的性格（和神经症）方面产生了可预测的结果。

我与自我的循环

卡尔·荣格原本是弗洛伊德的热心支持者，但他后来与弗洛伊德分道扬镳。因为他极端强调性的作用，认为这是人格的决定因素。荣格把“我”描绘成一个圆，“自我”则是里面更小的一个圆。“我”包括人格的所有方面，其中包括有意识和无意识的大脑和自我。一个人生命的第一部分是花在自我发展上，并通过一个分化的过程来建立自我。显然，环境因素在“我”的建构中是最重要的。

生命的后半部分是一种回归“我”的过程，它从一个根植于外在世界的位置出发，去发现并接受自己的性格，通常是由某种事件（外部因素）带来的精神创伤引起的。荣格的心理学理论往往具有某种精神的或神秘的味道，并在人们生命的后半段对“我”的重新定义涉及对原型的整合或重新认识：“‘我’包括自我意识、阴影、阿尼玛、集体无意识等。作为一个整体，‘我’是一种对立统一。因此，‘我’是光明和黑暗，但又两者都不是。”

更简单地说，荣格认为“‘我’是完全的、永恒的人，代表着意识与无意识的相互融合”，“全人”有许多代表形象，其中也包括基督。整体性和自我整合以及接受自我目标等内容，我们将在亚伯拉罕·马斯洛的人本主义心理学及其自我实现理论中再次论述（详见本章的相关内容）。

奥地利精神病学家阿尔弗雷德·阿德勒是维也纳精神分析学会第一个脱离弗洛伊德思想束缚的人。他认为“我”应被视为一个统一的整体，认为将“我”划分为本我、自我和超我并无益处。对阿德勒来说，个体与周围的世界相联系，他的理论也因此被称为“个体心理学”。弗洛伊德认为自己的观点是“可敬的错误”，坚持认为维也纳学会的其他成员要么拒绝阿德勒的理论，要么离开学会。阿德勒极具影响力，他使精神分析学得到迅速发展，即使弗洛伊德的门徒们努力几十年也难以超越。阿德勒认为，外部事件和影响与内心挣扎同样重要，这种内心挣扎曾被弗洛伊德放在其心理发展模式的核心位置。此外，阿德勒认为其他强大的动力（包括性别和政治）与力比多一样重要。

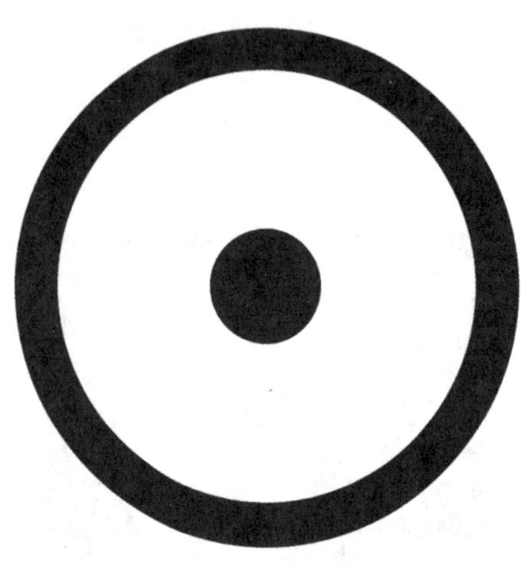

阿德勒把自卑情结作为自己心理理论的核心，发现人在童年时灌输或吸收的自卑感会产生持久的负面影响。如果个人发展出自卑感，就会产生内部斗争，这种斗争力量的外部表现具有侵略性，会发展出自大和过度的权力攫取行为来作为自己内在自卑的补偿。

他相信，孩子及其家庭以及更广泛的社会关系能够为孩子创造出具有权力或无能的感觉。阿德勒倡导儿童的教养方式，并走了一条中间的道路。这条道路介于溺爱和忽略之间，使孩子发展出健康的自尊。他不仅在分析课上处理成年患者的自卑问题，而且还与家长、教师和社会工作者进行了交流。他鼓励他们以民主的方式对待儿童，让儿童在决策中发挥作用、承担责任，同时也学习合作。他教导说，这样可以防止他们产生优越感或自卑感，防止他们在以后的生活中因这些问题产生相关的补偿行为。

阿德勒是第一个提倡分析者和病人在谈话中是平等伙伴的观点的人。他还提倡需要女性分析师的必要性，认为 19 世纪社会的性别活动对女性是有害的。他也是第一个考虑人的出生顺序会对其人格产生影响的人。例如，他预计最大的孩子在弟弟妹妹出生时，会遭受被“抛弃”的感觉，他们不再是父母关注的中心。此外，在天平的另一端，他相信最小的孩子可能会受到溺爱。因此，处于中间的孩子很可能是最平衡的，因为他们没有经历过这些。

阿德勒的观点并不属于完全决定论。他相信，个人童年的经验将塑造其成人之后的生活。他还强调，我们可以根据曾经获得的经验按照自己的意愿自由创造，但也需要自己有意识的努力。即使是糟糕的经历，我们也可以由“创造性自我”来进行建设性的使用：“我们不受（创伤的）冲击，从中找到了适合自己目标的经验。”我们形成了自己的信仰，之后就活得好像这些都是真实的，并因此塑造了自己的身份和生活，即使面对逆境也是如此。

你周围的一切

“环境”中的生命对性格形成具有重要影响，即我们周围的一切。对婴儿来说，主要是家庭。对行为主义者来说，他们不相信任何遗传的心理内容对行为的影响，环境对行为的影响就是全部了。正如华生所说：“所有的弱点、谨慎、恐惧、警告和父母的自卑都是被大锤子敲打在我们身上的。”

在无知的父母手中握着这么大的权力，发展心理学家认为自己有很大的责任来解释如何使用它。

生活方式

阿德勒看到，孩子建构的权力关系在其成年后的“生活方式”中表现出的影响，这主要指的是一个人如何处理生活中的主要任务（如友谊、工作和爱情）。个体采用的方法是由其早期经验和自身的创造所决定的，而只能通过深入的心理分析来改变。他发现了四种主要的生活方式，其中不仅包括现实生活，还包括与他人关系中的自我概念。在某种程度上，这四种方式都表现为功能异常：

- **统治型：**好斗的、支配性的人，没有太多的社会兴趣或文化观念；
- **获得型：**依赖的人，只接受而不给予；
- **回避型：**试图逃避生活问题，很少参与社会建设性活动的人；
- **社交有用型：**对他人非常感兴趣，并从事许多社交活动的人。

锻造出的个性

美国心理学家和教育家格兰维尔·斯坦利·霍尔（Granville Stanley Hall，1844 年—1924 年）是教育心理学的重要先驱，但他的目标不是培养孩子的个人潜能，而是将其塑造成为一个有用的社会成员。他认为，个人的狂热崇拜极不公正而且受到了误导，并认为这会威胁到并摧毁美国。他对养育儿童的态度类似于驯服野兽。

霍尔的理论受到达尔文进化论中自然选择的影响，也受到德国生物学家、哲学家恩斯特·海克尔（Ernst Haeckel，1834 年—1919 年）“复演论”的影响。“复演论”提出，生物有机体在胚胎的不同发展阶段中回顾了进化过程的所有阶段（例如，人类胚胎在某个阶段像一条鱼，所以我们可以推断，人类曾经有像鱼一样的祖先）。

霍尔相信，从婴儿到成人的成长过程中，我们复演了人类从野蛮人开始进化的过程中不同阶段的心理特征。毫不奇怪，这些研究并没有让他对孩子持有一种宽容的看法，他觉得和孩子们进行推理就是在浪费时间。相反，他认为最好对孩子们进行大规模的灌输，引导他们敬畏上帝，服从权威，培养强壮的体魄，并对其进行一定量的体罚。

当孩子到了青春期，霍尔认为，利他主义将取代固有的自私，这时就适合对其灌输爱国主义、军事服从、热爱权威、敬畏自然以及对上帝和国家无私奉献等观念。他认为在学校努力获取知识没有任何意义，而最希望在美国青年中看到能使其独立思考或质疑权威的个性。他指出青春期充满了“风暴和压力”，并且建议男女分开教育，既避免了分心，也能引导每个人朝自己自然的角色发展。他强烈反对只生一个孩子，他说“独生子女本身就是一种疾病”。1896 年，他指导的一个独生子女的研究发现，他们中的大部分人都是适应不良者。

> 如果人类能以一种顺序来掌握各种各样的知识，那么每个孩子都会出现一种以同样的顺序获得这些知识的倾向。教育就是在孩子身上重复文明的过程。
>
> 英国社会学家、哲学家赫伯特・斯宾塞（1861 年）

霍尔在建立从婴儿期到老年期的发展心理学中占有重要的地位（他写了一篇关于老年心理学的颇具影响力的文章），而且在将达尔文主义引入心理学方面也起到非常重要的作用，同时，他还建立了机能主义学派。

看不见孩子

霍尔的态度在当时并不罕见。19 世纪末和 20 世纪初，人们对儿童的普遍态度是：我们应该对他们严格管教，绝不放纵；在其成长为有用的公民之前，他们基本上只能忍受严格的管教。行为主义心理学家华生的观点既典型，又颇具影响力。直到 20 世纪 50 年代，他关于育儿的建议仍然很流行：

如果你必须对他们说晚安，在他们额头上亲吻一下，早上和他们握手……

请记住，永远不要拥抱和亲吻他们，永远不要让他们坐在你的腿上。当你想抚摸自己的孩子时，要记住母爱是危险的工具。这个工具可能会造成孩子永远无法愈合的伤口，让他们不高兴，造成他们青春期的噩梦；这个工具还可能摧毁你成年的儿子或女儿的职业生涯以及他们获得幸福婚姻的机会。

行为主义者认为，所有行为都是由一种或另一种条件作用（经典或操作）形成的，我们自身只是自己行为的总和，我们的环境和经历塑造了我们自己。因此，华生自信地认为，我们可以做任何自己想做的事，比如心理学家也可以成为社会工程师。

> 我们一定要去掉他们教给孩子们的那些关于雨滴小精灵们拿着小水桶清洗玻璃窗之类的内容。我们需要更少的多愁善感和更多的惩罚。
>
> 斯坦利·霍尔

捍卫父母的爱

英国心理学家约翰·鲍比（John Bowlby，1907 年—1990 年）和美国精神病学家哈利·哈洛（Harry Harlow，1905 年—1981 年）进行了他们关于母婴关系的研究。其观点是反对霍尔和华生的养育态度以及当时普遍流行的看法，而认为孩子和母亲的关系仅仅是为了获得营养。

鲍比对“什么样的家庭关系会导致儿童或成人适应良好或者适应不良”这样的问题特别感兴趣。他发现，安全依恋表现为母子之间牢固的联系纽带，对孩子的心理健康至关重要，而这和华生的观点正好相反。鲍比受到洛伦兹印刻研究的影响（详见第 5 章“洛伦兹的雏鹅”的内容），想要探讨婴儿的本能行为。他得出结论，婴儿有一种本能的动力可以与一个依恋对象建立亲密的早期联系（尽管婴儿也有可能与更多的依恋对象建立联系）。

孩子的某些天生的行为（如哭和笑）会鼓励照顾者互动和接近他们，照顾者的某些行为也是天生的。如果人们未能形成这样的联系就会导致心理和生理问题，其中包括攻击、发展失败、智力降低、抑郁甚至“无情精神病”（这种疾病的特征是不能表达对他人的关心或感情，并且倾向于自私地不考虑自己的行为对别人的影响）。

鲍比通过实验发现，如果一个孩子与依恋对象（通常是母亲）分离了一段时间，孩子就会感到痛苦。如果这种分离继续下去，孩子就会出现看似平静的状态，但实际上会变得孤僻、对一切都不感兴趣。如果这种分离持续更长的时间，孩子会开始接触其他人，但会拒绝照顾者，并在他们返回后对其表示愤怒。他列出了孩子经历的这些阶段：抗议、绝望和沮丧。1951 年，他的建议是：在成长的前两年中，孩子应该从主要的依恋对象身上得到持续的照顾；在最初成长的 5 年里，依恋对象不该与孩子分离。如果一个孩子在成长的一两年内没有形成一种安全的依恋，这个机会之窗就会关闭，孩子将无法弥补自己心理和情感上的伤害。这个关于关键期的观点符合洛伦兹在雏鹅研究中的发现。当时，洛伦兹发现，雏鹅印刻的最佳时期是其孵化后 12~17 小时；如果雏鹅在孵化后 32 小时内没有印刻，那么之后再出现印刻对象就太晚了，印刻也就不会发生。

一个两岁的孩子去医院

1952 年，鲍比及其同事苏格兰心理学家詹姆斯·罗伯逊（James Robertson，1911 年—1988 年）拍了一部电影，展现了一个小孩子在住院暂时脱离父母时经历的痛苦。这部电影改变了医院对待小病人的方式，特别是改变了探视时间，让父母更多地接触自己的孩子。在第二次世界大战后，他与世界卫生组织合作，指导了如何对孤儿进行治疗。

鲍比的发现显然具有广泛的影响，其中包括当孩子的父母去工作时，将孩子送往日托可能会对孩子造成伤害。鲍比的发现后来招致了一些批评。一方面，他没有区分那些一开始就没有形成依恋的孩子，以及那些已经形成依恋、但却因父母的疾病或死亡而中断依恋的孩子。另一方面，他还将其他强烈的情感归结于联结价值不足，比如那些与继父母、祖父母和兄弟姐妹建立起来的情感纽带。

1981 年，儿童精神病学家迈克尔·鲁特（Michael Rutter，生于 1933 年）区分了未能形成依恋（私有化）以及形成的依恋被打破（剥夺）之间的差异，并认为前者的危害更大。

尽管鲍比的研究可能看起来和学习完全无关。然而，他发现，依恋是孩子学习如何成为一个人的基础。他说，孩子从照顾者那里学习如何与他人互动，并根据照顾者对他们的反应建立自己的身份模式。

鲍比的研究结果获得后来许多研究的支持。哈利·哈洛对幼猴剥夺母爱的残酷实验（见下面的内容），以及涉及社会机构中对儿童的一些研究结果都支持了这样的观点。如果儿童没有形成依恋，就会导致情绪障碍、身体和心理的发展延迟或停滞。

1989 年，发展心理学家吉尔·霍金斯（Jill Hodges）和芭芭拉·提扎德（Barbara Tizard）对一组在福利机构度过自己童年的孩子的研究发现，那些在 4 岁时被收养的孩子能与新家庭建立亲密的依恋关系，而不会发展成无情精神病。这一研究表明情况并不像鲍比认为的那样可怕和不可逆，至少在孩子们的成长早期给其机会，他们就能建立稳定的情感关系。

依恋剥夺和抑郁症

美国心理学家哈利·哈洛也探讨了如何“使用”母亲的依恋。1958 年，他把猴子作为实验动物时，注意到那些隔离饲养的猴子与跟着妈妈长大的猴子的心理状态是不同的。为了调查母亲的作用，他进行了一系列（不道德的）实验，其中包括将猴子与母亲分离，并在 24 个月内隔离饲养它们。这些被隔离的猴子长大后精神极度紊乱，无法正常地照顾自己。

44 个小偷

鲍比研究了 44 个小偷，他们在被宣布有罪之后来到诊所，人们将其与另一组来到诊所的非罪犯群体进行了比较。他发现，与对照组相比，更多的罪犯在幼年时期经历了与母亲的持续分离，并表现出无情精神病的症状。他认为，母爱剥夺导致他们出现犯罪和精神病等问题。后来的评论家指出，尽管他的研究结果表现出相关性，但无法因此推断出因果关系。其他如饮食、贫穷、经常搬家以及学校等因素，也可能导致他们的犯罪行为。

哈洛用铁丝和木头做了假猴妈妈，并将其中一些妈妈用布包起来。他在每个小猴子的笼子里放了两种妈妈，其中一个妈妈装有奶瓶。小猴子们都喜欢布妈妈，不管它们是否拿着奶瓶。如果铁丝妈妈有奶瓶，幼猴就会在喝完奶后返回布妈妈那里获得舒适感。每只小猴子都有自己的布妈妈，它们会依附在布妈妈身上学会识别，并喜欢其他和布妈妈类似的布偶。人们将小猴子和它们的布妈妈一起放在一个新环境中时，小猴子会探索自己周围的环境，并不时回到布妈妈那里寻求安慰。如果只把小猴子单独留在新环境中，小猴子就没有探索行为，但会表现出与极度痛苦相关的行为（如蜷缩和尖叫）。

哈洛得出了结论：获取营养并不是母子关系最重要的方面。这一结论产生了革命性的影响。

在鲍比和哈洛尝试研究母爱的时候，1946 年，美国儿科医生本杰明·斯伯克（Benjamin Spock，1903 年—1998 年）出版了《育儿常识》（*The Common Sense Book of Baby and Child Care*）一书，他在其中谴责了行为主义者的做法。这些做法是将孩子们独自留下，任由他们哭泣；严格执行饲喂次数和睡眠习惯，抑制他们的情感。斯伯克建议父母听从孩子的直觉，对其给予关爱；改变自己的做法，以适应孩子的个性。这本书极具影响力。后来，批评家把 20 世纪下半叶出现社会问题（如性解放）的责任归咎于斯伯克及其“宽容”的育儿方式。他的批评者声称，由于斯伯克鼓励宽容的育儿方式，他给一代人带来了一种夸大的权利感，并导致他们缺乏道德品行。

绝望的深渊

1970 年，哈洛在妻子去世之后变得非常痛苦，他进行了大量的实验。他让猴子待在黑暗而又与外界隔离的大柜子里，并把这个地方称为“绝望的深渊”。猴子们很快就变得恼怒和沮丧。然后，他检查了它们的抑郁状态并试图治愈：

“在我们的精神病理学研究中，我们一开始像虐待狂那样试图让被试产生异常。而今天，我们是精神病学家，努力让被试变得正常和平静。”

哈洛的一些同事觉得他的实验太过分了（今天，这个实验肯定会被认为是不道德的），而且有人认为，这个实验推动了美国的动物解放运动。

罗马尼亚孤儿院

在罗马尼亚，曾有 170 000 多名儿童被留在卑鄙肮脏的孤儿院。在那里，他们受到虐待和忽视，经常被绑在床上躺在自己的排泄物中，营养不良，从来不洗澡，无人关爱。1989 年，一些慈善机构迁过来帮助这些孤儿。多年来，心理学家们一直在研究这些孩子，试图让他们恢复健康。

许多孩子遭受了持久的生理和心理影响，其中包括智力受损和发育迟缓（许多人甚至在青少年时期看起来也只有 6 岁）。他们没有产生生长激素，缺乏智力和情感刺激阻碍了他们正常的发育。一些年少时从孤儿院救出并安置在寄养家庭中的孩子则恢复得很好，但对许多孩子（尤其是那些在机构里待的时间更长的孩子）来说，他们受到了不可逆转的伤害。

> 孩子是所有人类的前辈。
>
> 英国诗人威廉·华兹华斯（William Wordsworth，1802 年）

成为你自己

20 世纪晚期，人文心理学家关注的是意识、选择的发展和自我完善。对他们来说，我们无论接受怎样的教养都掌握着塑造自我的权力。用亚伯拉罕·马斯洛的话说，人类的终极目标就是自我实现。亚里士多德在 2300 年前就提出了这个目标。

取消过去力量的影响

德裔美国人、格式塔心理学家库尔特·勒温（Kurt Lewin，1890 年—1947 年）就曾经将下面的主题作为研究内容：不必考虑以前发生过什么事，我们都有成为自己的权力。他试图消除对人进行分类的倾向，比如期望孩子在某些年龄段能做出某些标志性的行为，把人们归类为“内向型”或“外向型”等。他定义了个体的“生活空间”，也就是说，个体在任何时候都会影响自己行为发生的外部和内部因素的场景。对勒温来说，过去发生的事件没有意义，除非它们现在就被回想起来。所以童年经历（对弗洛伊德非常重要）不会影响成年人的行为，除非它们被回想起来。相反，他认为我们的行为是由驱使我们前进或压制我们行动的力量塑造的。

勒温认为，需求产生了个人试图解决的紧张局势，比如寻找食物来满足饥饿感。我们的一个需求将在更大或更小程度上主导我们的生活空间，直到这一需求被满足。这些需求可能是生物需求（如口渴），也可能是心理需求（如想要一辆更时髦的汽车）。这一研究结果被称为“蔡格尼克效应”，是以立陶宛心理学家布鲁玛·蔡格尼克（Bluma Zeigarnik，1901 年—1988 年）的名字命名的。勒温描绘了个人的几种不同类型的冲突，并将其总结如下。

- **接近－接近型冲突。**两种选择都想要，但必须选择其中一种（比如，在两个度假地点之间进行选择）。

- **回避－回避型冲突。**两种选择都排斥，但不得不选择一种（比如，同意进行令人不愉快的外科手术或忍受长期的疼痛）。

- **接近－回避型冲突。**一个目标既有想要的部分，又有排斥的部分（比如，想要考取一个资格证书，但又不想花时间和精力去学习）。

勒温将行为看成人在环境中的一种函数，并用科学记数法表现出来：

$B=f(P, E)$

其中，B 是行为，P 是人，E 是环境。

这是一种对关系的启发式陈述，而不是一个数学公式。

你会这样做吗

受勒温影响最大的心理研究者之一是美国的心理学家利昂·费斯廷格，他提出了“认知失调”理论。当我们持有两种相互矛盾的观点或以一种与自己的信仰不一致的方式行事时，就会出现这种情况。如果我们决定减肥，而后却蜷缩在沙发上睡懒觉来度过周末，我们就会经历认知失调；又或者如果我们相信所有的人都同样聪明，但又期望其中的某类人表现得更差，而不管对方是女人、美国人、老年人或任何其他不同类型的人，我们也会经历认知失调。

费斯廷格和同事心理学家詹姆斯·莫雷尔·卡尔史密斯以学生为被试，要求他们进行一项枯燥的工作；之后，支付他们 1 美元或 20 美元，并要求他们告诉下一组等待的学生这项任务很有趣。后来，他们回访这些学生，当问及这项工作是否有趣时，报酬为 20 美元的人说这项工作很无聊，但那些只领了 1 美元报酬的人则更倾向于认为这项工作很有趣。研究人员用认知失调解释了这一结果。学生们得到了 20 美元的报酬，他们觉得自己的报酬足够丰厚，而为了这些报酬向别人撒谎。所以在实际询问时，他们不必假装自己喜欢这项任务。但那些只拿到 1 美元的学生要么不得不承认自己为了一点小奖励而撒谎，要么不得不改变自己对这项任务的看法。他们承认自己原来对这项任务的看法是错误的，这比接受自己为了换取一点报酬而撒了谎更容易。

1963 年，卡尔史密斯及其同事美国的心理学家艾略特 • 阿伦森（Elliott Aronson，生于 1932 年）进行了另一项认知失调的研究，这次研究对象是一群年轻的孩子。在每次实验时，孩子们都被关在一间有很多玩具的房间里。他们可以玩任何一个玩具，但其中一个玩具被告知是特别的。这群孩子中有一半人受到了威胁，如果他们玩了这个特殊的玩具将会受到严惩；另一半人获得的信息是，如果他们玩了这个玩具将会受到轻微惩罚。没有一个孩子不遵守规则。后来，孩子们被允许玩任何玩具，包括这个特别的玩具。与其他孩子相比，受到轻微惩罚的孩子玩这个曾被禁止的玩具的可能性更小。卡尔史密斯和阿伦森认为，孩子们将轻微惩罚的威胁合理化，以此来解释自己的自我约束反应，即说服自己“这个玩具真的不好玩”，所以即使允许他们玩这个玩具，他们也不想玩了。

这使我们回想起了皮亚杰有关孩子们如何调整自己的图式以顺应新的经验或信息，从平衡状态转变为非平衡状态，然后再回到平衡状态。在认知失调的情况下，他们自己的图式受到行为和观念之间不协调的威胁，并因此调整自己的图式以适应行为。

> 如果一个人被诱导去做或说与自己个人观点相反的事，他就会倾向于改变自己的观点，使其与自己所做或所说的一致。
>
> 利昂 • 费斯廷格和莫雷尔 • 卡尔史密斯

按你想做的去做

1972 年，美国社会心理学家达里尔 • J. 比姆（Daryl J. Bem，生于 1938 年）提出了另一种认知失调，他将其称为“自我知觉理论”。他认为我们判断他人性格的方式是观察他们的行为并推断出其性格，并建议我们也要这样对待自己。这听起来违反直觉，而下面的观点似乎更加符合逻辑：我们的行为源于自己的性格，而不是正好相反（虽然行为主义者并不会认同我们会“喜欢”什么东西）。比姆改造了费斯廷格的“无聊任务”实验。他给完成任务的两组被试播放了一盘磁带，每盘磁带都录有一个人对这项任务的评价，说这项任务很有趣。比姆告诉一组人这个人说完这段证词获得了 20 美元的报酬，而告诉另一组人这个人只获得了 1 美元的报酬。结果，1 美元被试组得出的结论是：只获得 1 美元的那个人真的觉得这项任务很有趣。比姆认为，这些被试相信如果自己真的不是很享受这个任务，就不会仅仅为了 1 美元而给出这么积极的评价。而在费斯廷格的研究中，相同的事情的确发生了。那些为了 1 美元而要给予一个无聊的任务以积极评价的被试认为，自己的确很享受这个任务。换句话说，我们从自己的行为中解读自己的个性。在这种情况下，我们可以通过改变自己的行为来实现改变个性，而完全可以自由地重建自己 [这正呼应了威廉 • 詹姆斯的想法（详见第 3 章“美国心理学的诞生”的内容]。

成为你想成为的人

2000 多年前，亚里士多德认为人生的目标是成为一个完整的人，并按照自己的道德标准和价值观生活，这就是幸福的源泉。用亚里士多德的话来说，一个人即使是在监狱里或者被迫害，只要他的人格是完整的，他仍然会感到快乐，这个观点对哲学家们来说多久也不会过时，但只有 20 世纪的荣格以及人本主义心理学家亚伯拉罕 • 马斯洛和卡尔 • 罗杰斯对这一主题进行了深入的研究。

正如我们所看到的，荣格认为人下半辈子的目标就是巩固和接受自我，成为一个“总体的人”。事实上，他认为人到中年就会试图达到这一目标来获得满足感。

马斯洛将这种自我整合和接受置于自己“需求金字塔”的顶峰，认为这种需求驱动了人类所有的行为。当其他所有需求都被满足时，在金字塔顶端的就是自我实现的需求。这就是你想要成为的人的过程，你将发挥自己的潜力，并对自己的状态感到舒适。对每个人来说，这一过程必定都是不同的。自我实现指的并不是高高站在金字塔顶，去判断每个人自我实现的需求是否得到满足，而是将自我实现作为人类一生追求的终极目标。对一个人来说，自我实现可能只是成为一位坚决拥护的、可靠的和深情的家庭成员；而对另一个人来说，他可能只有通过获得诺贝尔奖或在社区中获得极大的尊重才能实现自我实现。

> 有机体有一种基本倾向，即努力实现、维持和增强有机体的体验。
>
> 卡尔·罗杰斯（1951 年）

马斯洛通过研究一些被认为已经实现了自我实现的名人的传记，进行了有关自我实现的研究，这些名人包括阿尔伯特·爱因斯坦、威廉·詹姆斯、西格蒙德·弗洛伊德、爱莲娜·罗斯福（Eleanor Roosevelt）和亚伯拉罕·林肯（Abraham Lincoln）。虽然马斯洛认为人类只有满足最基本的需求之后才能实现自我实现，但事实证明并不尽然。尽管许多艺术家和精神领袖的食物、住所和健康等基本需求并没有得到满足，但他们已经实现了自我实现。卡尔·罗杰斯认为，一个人的童年经历是决定其最终能否实现自我的主要因素，但其实许多人都不能自我实现。马斯洛同意这一点，他认为大多数人（也许有 98% 左右的人）永远都不能自我实现，但那是他们自己的错。在他看来，我们可以自由地采取行动，使自己实现自我实现。我们都是自己性格的作者。

赫布的矩形

在解决“先天和后天哪个是塑造性格最重要的因素”这一问题上，加拿大精神生物学家唐纳德·赫布表示两种因素都有影响，而且根本无法区分它们都有多大影响。他把先天和后天的影响比作在计算矩形面积时的长度和宽度：没有一个矩形没有长和宽，但是这个基本模型可能有多种变化。

自我的终结

20 世纪末和 21 世纪初，一些社会和认知心理学家对下面的概念提出了质疑，即自我概念是认知的核心，就像蜘蛛位于蛛网的中心那样。实际上，自我是从重叠的认知过程中浮现出来的。英国心理学家约翰·特纳（John Turner，1947 年—2011 年）提出的自我归类理论表明，从家庭到整个人类，我们从群体的角度来定义自己。在一个群体中，我们会考虑自己与同一群体其他成员的相似之处，以及自己与不同群体成员之间的差异。特纳认为，我们使用的群体身份能让自己的某些方面去个人化。所以，如果一个人把自己当成军队的一分子，他就会强调自己和其他士兵相同的方面。从外部看，这一点是通过符合团队的要求或期望来表现的，如穿制服、服从命令等。自我分类使自我更具多样性，并且自我可以随着时间和环境的变化而变化。

我们通常以团体成员的身份出现，其中最大的团体就是人类，我们都是人类中的一员。大多数标志着个体的心理特征和过程都是我们和其他人类成员所共有的，但并非所有这些特征都令人感到愉快或舒适。

THE STORY OF PSYCHOLOGY

第7章

什么使你成为我们中的一员

自我与社会

> 人类进化的全部精神遗产会在每个人的大脑结构中重生。
>
> 卡尔·荣格

虽然我们的个人经历对构建个人心智有很大帮助，但我们也有许多共同的经历。人类的环境使我们团结在一起。当我们各有不同时，心理学也非常关注是什么将我们团结在一起。

后天抑制先天

两位哲学家在关于“作为人类社会的一员，我们是否会抑制自己基本的欲望和行为”这一问题上持有相同的观点，但他们在人类“自然”状态上的看法却完全相反。英国哲学家托马斯·霍布斯认为，在自然的“未开化”的状态下，人类完全由自私驱动，并很快会诉诸暴力，生命会变得“肮脏、野蛮和短暂”。然而，100 年后的让–雅克·卢梭却认为，自然状态下的人有着天生的尊严和高贵。然而，两位哲学家都没有任何经验证据能够支持他提出的“自然”人类状态。直到 20 世纪，人类才在无限制的情况下对真正的本性进行了具体实验研究。

拉马克的遗传和不良气味

拉马克的获得性状遗传进化论被达尔文的自然选择进化理论所取代，而在过去的 150 年里，这种理论在很大程度上都被忽视甚至被嘲笑，但拉马克很可能会笑到最后。现代对表观遗传学进行的研究表明，某些生物对环境的适应性确实可能会传递给下一代。这种遗传通过表观基因组的变化起作用，并通过打开或关闭控制机制来调节基因的表达。

2013 年，美国行为心理学家布瑞恩·迪亚斯（Brian Dias）和克里·雷斯勒（Kerry Ressler）发表的研究中发现，当老鼠已经习惯害怕某种气味后，即使其后代并没有害怕这种气味，但它们也都有这种敏感性反应，并对相同的气味有消极反应。这些老鼠的后代是通过人工受精生产的，它们与亲生父母没有联系，所以不可能从父母身上学到这种恐惧。

我们的精神工具箱

达尔文认为，成功的生物就是那些能够生存下来并繁衍后代的生物，这一点影响了功能主义和行为主义的发展。就像动物的行为一样，人类的行为可以通过调查任何导致人类生存和繁衍的行为来解释，这就是进化心理学的主题。

为了实现某些功能来帮助个体和人类物种的生存，大脑已经进化到适合自己目标的程度，它似乎给每个孩子都装备了一套开始工具包，其中包括有用的本能、心理结构、过程和行为。

常见的结构

结构主义和功能主义的相关研究都基于这样的假设，我们有可能发现所有人共同的心理过程。这些过程将形成思维和感知，并确保它们保持某种程度的一致性。达尔文的进化论赋予了功能主义一种特殊的动力，心智的功能必定是最适合其目的的功能，它可以确保个体成功的生存和繁衍。

最近，人们对厌恶和恐惧的研究表明：人类对某些预示或标志着与疾病有关的事物（包括呕吐物、粪便、老鼠、蟑螂、黏液或脓液，以及让人想起蛞蝓和水蛭之类的动物）有强烈的、显然是天生的厌恶反应。

这些是人类共同的心理结构和功能的结果，还是集体遗传记忆的一部分（像荣格的集体潜意识），目前并不清楚。遗传记忆通常被当前的心理学家所忽视。

我们已经考虑过一些曾被证明是大脑或心智的共同特征的心理过程，这些心理过程是人类所共有的。荣格的原型和集体无意识倾向于人类建立图式以及可能具有特殊结构的大脑 / 心智，使其能够接受语言学习。

普通的童年

弗洛伊德的精神分析方法非常关注个人历史及其结果，并将案例中得出的结论推及全人类。他关于自我、超我和本我的描述（详见第 1 章“三幽灵再来”的内容）提出了一个通用的思想结构。此外，他认为我们每个人的心理发展都经历了口欲期、肛门期和生殖器期等阶段，所有的孩子都受到俄狄浦斯情结的影响（详见第 8 章“弗洛伊德的性问题”的内容），以及神经症都可以追溯到某种类型的性剥削或性事件（真实的或想象的），这些观点都预示着精神分析学说在更大程度上的通用性。

然而，值得一提的是，弗洛伊德基于自己的童年回忆，以及在病人身上通过催眠、自由联想和广泛讨论得出自己关于人性的结论。将基于 19 世纪维也纳中产阶级的经历得出的结论扩展到生活在完全不同的环境、时间和地点的人身上，这个跳跃也太大了。

我们是好是坏

霍布斯认为，人在自然状态下人会因狂热的知识而自相残杀；而卢梭则认为，人在自然状态下会显示出高贵和尊严。谁的观点是正确的？

纳粹的遗产

纳粹大屠杀是 20 世纪最可怕的罪行之一，也是人类历史上最可怕的罪行之一。在这之后，全世界的人都在问：像党卫军集中营对待受害者的方式一样，是什么能让一个人去这样对待另一个人？在普通的德国人民中究竟发生了什么事，使其能够做出这种暴行？这个问题特别适合社会心理学家来研究，第二次世界大战结束后的几年里，人们通过一些著名的实验试图探索这种导致出现如此大规模残忍行为的人的心理状态。这不是一个可以由少数疯狂的人就能完成的事件，为什么会有这么多行凶者？他们在做出这种行为之前品行良好，可能是一名普通工人、父亲、丈夫或朋友。我们需要得出一个解释。

自由支配伤害

1971 年，美国心理学家菲利普 • 津巴多在斯坦福大学进行了一个实验，研究监狱工作人员和囚犯之间的互动。他招募了健康的男性志愿者，并将其分配为囚犯或狱警。为了使囚犯的体验尽可能地真实，实验开始于被试由于某种反社会行为而被捕，并在邻居的众目睽睽之下被捕。囚犯要穿制服，并只能用数字来代表自己。狱警们也穿制服，戴墨镜，并允许他们使用自己想到的任何方法来控制囚犯。

这座监狱是斯坦福大学心理学系的一条经过改造的走廊。门上有钢条，“练习场”是一个走廊，还有一个改装过的橱柜，用作单独监禁的牢房。囚犯们只能睡 3 个房间，这些房间的空间很小，仅能放得下他们的床。

狱警们开始维护自己的权威，他们常常在夜里叫醒囚犯，清点人数。规则允许狱警惩罚囚犯，他们经常强迫囚犯做俯卧撑。纳粹集中营看守所的警卫也曾经这样做过，后来的美国士兵也在阿布格莱布、伊拉克的美国军事监狱这样做过。一个狱警站在囚犯的背上，或让其他犯人做俯卧撑。

第二天，囚犯们造反了。狱警用灭火器将囚犯们赶回监狱，然后把他们赤身裸体地绑起来，把头目关禁闭。不久，狱警们开始采用心理控制的方法。他们挑出一些囚犯接受特殊待遇，然后获取他们的好感，从而造成囚犯群体内迷失方向、异见和不信任。实验进行了一天半时间，一名囚犯开始精神崩溃。然而，即使是旁观者们也深深地沉浸在狱警的心理中，他们指责他在假装痛苦。几天后，这名囚犯才被排除在实验之外。当旁观者们听到一个逃跑计划的时候，他们不是观察被试的行为，而是防止囚犯们集体逃跑。为了惩罚囚犯，狱警强迫他们用牙刷打扫厕所。

这项研究计划持续 14 天，而津巴多在第 6 天就叫停了实验，这是因为旁观的社会心理学家克里斯蒂娜•马斯拉奇（Christina Maslach）表达了自己对囚犯所受待遇的恐惧。她是 50 名旁观者中仅有的一个对囚犯表示关心的人（津巴多在一年后与她结婚），9 名囚犯中有 4 人已经精神崩溃了。

津巴多在研究中发现了 3 种狱警：第一种狱警是强硬的，但只要囚犯们服从他们，他们就能公平地对待囚犯；第二种狱警是仁慈的，他们为囚犯做些小事，从不惩罚囚犯；第三种狱警似乎很喜欢自己拥有的权力，找到更具想象力的方式来伤害囚犯，当他们认为自己没有被旁观者观察到（没有隐藏摄像机的地方）时，就开始虐待囚犯。津巴多认为，实验一开始并没有考虑狱警的心理状况，并据此预测其后续行为。

对阿布格莱布监狱的预示

津巴多认为，自己的实验和发生在美国阿布格莱布军事监狱里的虐囚事件是一样的。捆绑犯人、迫使他们蒙着头站着、迫使他们做出羞辱的性行为，这些惩罚措施都在斯坦福的实验中和阿布格莱布军事监狱里使用过。在阿布格莱布军事监狱发生的虐囚行为被归咎于“几个坏苹果”，但津巴多认为，不是几个坏苹果玷污整个群体，而是整个肮脏的群体腐坏了几个苹果。人们所处的那个环境会促使或者允许他们去做坏事。

> 如果邪恶的人不知不觉地犯下恶行，那么我们有必要将他们从人群中隔离并消灭他们。但是，善恶的分界线却贯穿于每个人的内心。
>
> 亚历山大•索尔仁尼琴(Alexander Solzhenitsyn，1918 年—2008 年)，
>
> 《古拉格群岛》（*The Gulag Archipelago*，1973 年）

津巴多的实验似乎揭露了人性的黑暗面：人们愿意甚至渴望伤害别人，这样做并没有什么理由，仅仅因为他们可以这样做。他觉得匿名使人堕落到残酷的程度，而狱警的权威地位使这种情况得以发生。他注意到，人们很快就陷入了分配给自己的角色中，因此，“邪恶”的狱警是否表现出自身通常被压抑的、天生的邪恶？或者因为，至少在某种程度上，他们在按照自己认为最适合角色的方式行事？这都很难说。然而，与纳粹监狱的看守不同的是，没人告诉他们要残忍地对待囚犯。他们这些残忍的行为从何而来？津巴多说，在这种情况下，人们过去和现在的本性都消失了，而只剩当下的满足。人们做事不会考虑后果或原因，没人能确定这些人不会做这样的事。这就是实验观察到的行为如此可怕的原因。

> 对我们每个人来说，无论曾经犯过的罪多么可怕，在拥有这种权力的情况下，我们都有可能会犯罪。我们这样说并不是要原谅犯罪，而是将其当成一种普通行为、分担它的责任，也不是宣称这些是某些狂人和暴君的责任（争论这些是他们的责任，而不是我们的责任）。斯坦福监狱实验给我们带来的主要教训是：情境会引导我们以不可能预知的方式行事。
>
> 菲利普•津巴多

蝇王

1954 年，威廉•戈尔丁（William Golding）出版的小说《蝇王》（*Lord of the Flies*）就是以这样的问题为前提：当人们从社会约束和观察中解放出来时，他们会采取怎样的行动？小说描述了一

群小男孩在没有成年人的情况下受困于孤岛，他们最后陷入无政府的、残暴的状态。戈尔丁持有和霍布斯相同的观点，认为人类的自然状态便是自然的“兽性”。津巴多的实验似乎也证明了这一点。

一个好的可能性

保罗·布卢姆（Paul Bloom，生于 1963 年）是耶鲁大学的认知心理学家。他对 3 个月大的婴儿进行的实验表明，我们可能有一种天生的道德感，这使我们更喜欢利他行为，而不是阻碍和自私的行为。人们对非常年幼的孩子进行的研究通常可以观察婴儿注视的方向和持续时间，以此来表示他们的兴趣或偏好。布卢姆给婴儿展示了一段动画：一个球试图爬上山，然后一个有用的正方形轻轻地把它推上去，而另一个无用的三角形则挡住了它的去路。婴儿们都非常喜欢那个有用的正方形。他又改变了表示有用的 / 无用的形状和颜色，以排除婴儿们的审美偏好。他发现，在这些形状上加上面孔可以增强实验效果。即使是最小的婴儿也都更偏好有用的形状，他们的年龄太小了，不可能学会体贴和不体贴的行为。因此，布卢姆得出结论：这是婴儿们天生具有的基本道德感。

达尔文的孩子

查尔斯·达尔文对儿子威廉的发展做了详细的记录。他记录道，儿子在两年八个月的时间里表现出了内疚和羞耻的感觉，他把表明自己偷了食物的衣服上的污渍藏了起来。达尔文报告说，这个男孩从未因偷食物而受到惩罚，所以他不是出于害怕后果才这样做。

1961 年，加拿大社会心理学家阿尔伯特 • 班杜拉（Albert Bandura，生于 1925 年）开展了一项研究，孩子的年龄大到足以知道好坏行为之间的差异。他想知道，这些孩子在获得做坏事不受惩罚的机会后，是否不论这个榜样做的是好事还是坏事都会效仿。他和同事在斯坦福大学招募了 72 个年幼的孩子，并让成年研究人员充当榜样，实验材料是一些大型的、耐用的充气娃娃，它们能被打翻，但打翻后很快就会弹回直立的位置。

他把 72 个年轻的被试分到 3 个组中：第一组被试将看到一个成年人对一个充气娃娃做出暴力行为；第二组是非侵犯组，被试将看到一个成年人正常地玩一些玩具；第三组没有角色榜样，被试会在没有监督的情况下接近这些充气娃娃。

班杜拉发现，那些看到侵犯性榜样的孩子最有可能虐待充气娃娃，而那些接触到非侵犯性榜样的孩子是最文明的，因此孩子们看到正确榜样的行为似乎能产生很好的影响（比没有看到任何角色榜样的孩子更好）。男孩子们看到一个男性攻击榜样会使其更易产生攻击性。而对女孩来说，榜样的行为对其影响不大，如果看见一个男性攻击型榜样，她们更有可能进行身体攻击；如果看到一个女性侵犯型榜样，她们更有可能进行口头攻击。

有人批评这个实验的真实效果是否会持续，还是只能持续实验中的那几分钟？孩子们是在通过模仿大人的行为来取悦他们吗？

1963 年，班杜拉将半岁到 6 岁之间的孩子作为被试进行了类似的实验。他给孩子们看了一部电影：一个人猛烈地攻击一个充气娃娃，并冲着娃娃尖叫；之后，这个人会得到糖果奖励，或者受到警告的惩罚。接着，他让孩子们在一个有充气娃娃的房间里玩，那些看过得到侵略性奖励电影的儿童更具有攻击性。

人们对充气娃娃实验进行的各种变式研究也得出了相同的结果，使用现代脑扫描的方法增加了对这种实验生理维度的考量。2006 年，印第安纳大学医学院的一项研究对 44 名年轻人进行了脑部扫描，在他们玩完一个暴力的或非暴力的视频游戏后立即对其进行了脑部扫描。那些玩暴力游戏的人的杏仁核有额外的激活，杏仁核对情绪刺激负责；而他们的前额叶的活动减少，前额叶负责调节自我控制活动、抑制活动和集中活动。那些玩非暴力游戏的人的大脑活动则没有这些变化。这样的研究表明，在一些人身上普遍存在行为和大脑活动的变化，这表明在大脑中存在一种真正的机制，它可以预测行为，并且可能是所有人的普遍机制。

跟随大众

我们大多数人都想不同程度地去适应社会。即使我们不是有意识地想要遵从，但很快也会发现，如果我们遵守一些社会规范，生活变得就容易多了。20 世纪中旬进行的一系列实验探讨了人们想要遵守、服从、适应，以及在通常情况下不触动群体规则。人们似乎比我们所期望的更顺从、更胆小。

告诉你怎么做，你就怎么做

适应有时是好事，但也可能导致做出非常恶劣的行为（就像纳粹的暴行一样）。第二次世界大战之后，另一个实验检验了被试遵从了命令的意愿，即使这些命令的行为方式是不被接受的，实验结果令人震惊。

米尔格拉姆的试验

1961 年，美国社会心理学家斯坦利 • 米尔格拉姆招募了 40 名被试参加耶鲁大学进行的一项学习研究，这些人的年龄介于 20 岁至 50 岁之间（因此，被试的年龄与那些可能成为纳粹德国集中营守卫的年龄类似）。他告诉被试，他们将被随机分配学习者或教师的角色，但实际上他们的角色都是教师，而担任“学生”角色的都是演员。

教师的角色就是要询问一个学生问题，这个学生似乎被绑在另一个房间与两个电极相连的椅子上。有人告诉教师，如果学生答错了问题，他将被实施电击。开始，电击用的是非常温和的 15 伏特电压；但当学生给出的不正确的答案越来越多时，电击所用的电压将上升到 450 伏特。

当你想到人类漫长而阴郁的历史时，你会发现，人类犯过的更可怕的罪行都是以服从的名义犯下的，而不是以叛乱的名义犯下的。

B.F. 斯金纳（1974 年）

在大屠杀中，艾希曼和他的万千同伙只是服从命令吗？我们可以称他们为同谋吗？

斯坦利 • 米尔格拉姆（1974 年）

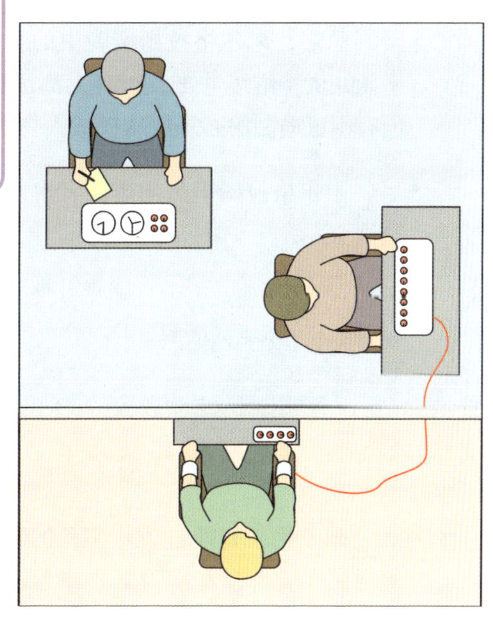

教师们得到了一个指示的脚本，并严格执行指示，以应对错误的答案或保持沉默。这个学生也有一个脚本，他必须在椅子上尖叫、乞求和扭动，因为学生必须明显表现出自己感到越来越强烈的痛苦的样子。在电压上升到 300 伏特时，学生“砰”地敲了墙壁，乞求释放自己；学生做出更大程度的震动后就会沉默下来。实验者和教师就坐在房间里，如果学生不愿意继续实验，就去鼓励他。教师能听见另一个房间的声音，但看不见里面发生了什么事。实验者会督促教师继续做实验，但并没有以任何方式威胁或恐吓他。

我在耶鲁大学做了一个简单的实验，检验一个普通公民仅仅因为被做实验的科学家命令而对其他人造成多大的痛苦。在这个实验中，赤裸裸的权威与反对伤害他人的最强烈的道德要求相冲突，而且，被试的耳边还会响起受害者的尖叫，很显然，权威赢得的次数更多。成年人对遵从权威命令有着近乎极端的渴望，这是这项研究的主要发现，也是最迫切需要解释的事实。

斯坦利 • 米尔格拉姆（1974 年）

总之，米尔格拉姆实验中的教师被试有 2/3（约 65%）的人朝着最高水平 450 伏特继续冲击，所有人都达到了 300 伏特。米尔格拉姆的结论是：我们有不可遏制的必须服从权威人物的冲动。

米尔格拉姆事后向志愿者解释了自己的实验。他发现了三种类型的教师被试。

- 有些人服从，但试图为自己的行为辩解，他们把责任转移到实验者甚至是学生身上（因为他们愚蠢）。

- 有些人服从并责备自己，他们对自己所做的感到难过。

- 一些人反抗，他们认为学生的幸福高于实验的要求。

米尔格拉姆通过改变实验的形式后发现，当在大学实验室里进行这个实验时，实验者穿着实验服并作为教师与被试待在同一个房间里时，被试的服

从水平较高；如果在城市的一个破败的办公室里进行这个实验时，实验者在不同的房间里穿着普通的衣服，那么被试的服从水平就比较低。但是，如果被试不必自己按开关，而可以将电击任务委托给一名助理时，被试也会更听话。

米尔格拉姆认为，我们有两种不同的状态：自治和“代理”。在自治状态，我们根据自己的价值观和标准做出自己的选择，对自己的行为负责；而在“代理”状态，我们执行命令而并没有个人责任感。当面对一个权威人物时，他声称，大多数人会从自治状态切换成“代理”状态，从而服从权威，这可以用来解释许多滔天罪行都是以“执行命令”的名义犯下的。

米尔格拉姆实验结果的有效性遭到质疑，《电击设备的背后》（*Behind the Shock Machine*，2013 年出版）一书的作者、心理学家吉娜•佩里（Gina Perry）发现米尔格拉姆的实验方法及其结果都有重大问题。但似乎仍有相当一部分人会服从权威，直到其做出的行为足以对他人造成严重伤害的程度。也许，我们中并不是所有人都有内在的纳粹犯罪因子，即使我们会怀疑这些命令道德或智慧，但还是会有“按照别人告诉我们的去做”这种惊人的倾向。

> 普通人只做自己的工作，并没有任何特别的敌意，他们可以成为一个可怕的、破坏过程的代理人。此外，当他们工作的破坏性影响明显且要求其做出的行为与基本道德标准不兼容时，具有反抗权威的人仍然相对较少。
>
> 斯坦利•米尔格拉姆（1974 年）

> 现在回想起来，我认识到，一种以服从和遵从命令为基础的生活确实是一种非常舒适的生活。人们以这样的方式生活能将个人思考的需要降到最低。
>
> 纳粹战犯阿道夫•希曼（Adolf Eichmann，1960 年）

低调不言

其他的实验也证明，人们即使没有得到命令，也会表现出这样的倾向。他们愿意遵从他人的期望，或与人群融为一体。在津巴多的斯坦福监狱实验中，当“囚犯”申请假释时，他们就可以一走了之。尽管家长们并没有同意参与这项研究，但还是旁观了这项研究。

1951 年，波兰社会心理学家所罗门•阿希（Solomon Asch，1907 年—1996 年）研究人们会多大程度地妥协以遵从群体。他将一名被试同其余七个人分在一组，并展示了一组成对的图片。在每组图片中，一张图片上有一条线；另一张图片上有三条不同长度的线，其中一条线与第一张图片上的线长度相同。参与者必须回答一个问题：在 A、B 和 C 三条线中，哪一条与第一张图片上的线一样长？这个问题将重复多次。在第一组实验中，阿希的同伴给出了正确的答案。此后，他们都认为其中一个错误答案是正确的，但他们都先于被试给出了答案，而被试是最后一个回答问题的。阿希感兴趣的是，被试是否会受到别人给的错误答案的影响。

在对照组实验中，一名被试独立回答了问题，并且只有不到 1% 被试给出了错误答案，表明这项任务很简单。

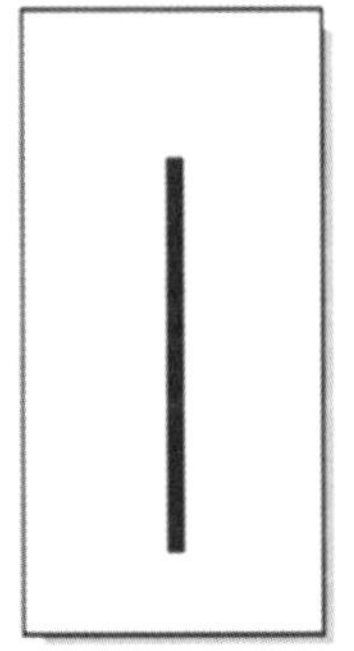

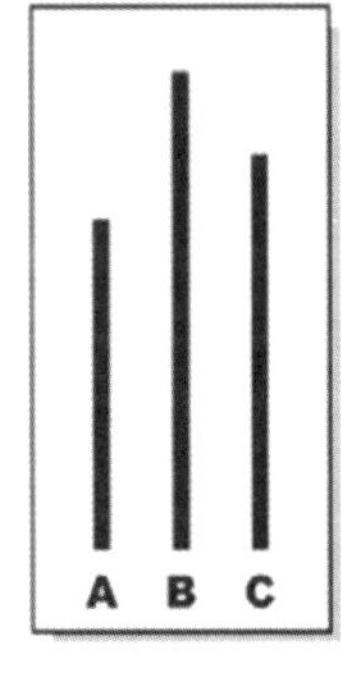

然而，当主试的同伴一致给出错误答案时，阿希发现，大约有 75% 的被试至少给出了一次错误答案。随后的采访表明，给出错误答案的被试分成了以下三组：

• 他们实际上认为不正确的答案是正确的；

• 他们认为自己肯定错了，因为大家的意见一致（阿希将其称为“失真的判断”）；

• 他们意识到其他人都给出了错误的答案，但他们不愿意自己回答得很差或是看起来是群体中最奇怪的那个（阿希称之为“扭曲的行为）。

对于那些没有给出错误答案的人来说，他们没有从众：有些人自信地行动；有些人撤回了自己的答案；有些人对自己的回答表示迟疑，但却坚持回答正确的答案。当被试改变实验时，如果他发现还有一个人给出了正确的答案，或者如果人们能用书面记录他们的答案，而不是大声地说出答案，那么遵从错误答案的比率就会下降。

烟和事故

阿希的实验并没有出现需要处理严重问题或有威胁的情况，但其他实验者发现，即使遵从行为会产生危险，个体也表现出高水平的遵从和不愿独立行事。1964 年，在纽约，一个叫吉蒂 • 吉诺维斯（Kitty Genovese）的女人被袭击，她在 38 名目击者面前被杀害，没有人（根据新闻报道的时间）来帮助她。此案引发了一项重要的心理研究，被称为“旁观者效应”，这一效应后来被称为 “吉诺维斯综合征”。

1968 年，美国社会心理学家约翰 • 达利（John Darley，生于 1938 年）和比伯 • 拉塔尼（Bibb Latané，生于 1937 年）开展了一项实验，研究人们是否愿意帮助一个遇险的陌生人。他们招募被试，告知他们将参加关于个人问题的心理学研究。因为需要讨论的问题属于私人问题，讨论将通过对讲系统进行，参与者不能见面。在讨论中途，一名参与者（一个演员）假装病症发作，神情变得越来越痛苦，并说自己觉得快要死了。其他参与者可以通过对讲机听到这一点，也可以听到许多其他参与者的声音。

达利和拉塔尼发现，参与讨论的人越多，发生帮助行为的可能性就越小。虽然他们看不到其他参与者，但他们知道有别人在。每个人似乎都觉得周围还有其他人，自己并不该对这个不幸的陌生人负责，因为其他人也会感到有责任。相反，当只有一名参与者时，他当时就为其提供帮助的概率是 85%。

达利和拉塔尼进行了另一项实验，这次的参与者明显置于危险之中。他们让学生在房间里完成问卷调查。过了一会儿，开始有烟渗进房间。烟越来越浓，直到学生们几乎看不见房间里的物品为止。如果学生独自一人在房间里，当房间充满烟雾时，有 75% 的人报告了这个问题。但是如果他和另外两个人在房间里，而这两个人完全无视这些烟雾时，只有 10% 的人报告这个问题。我们假设别人比自己知道得更多，所以如果他们对危机没有反应，我们也不需要有反应。心理学家将这种行为称为"多元忽略"。我们宁愿冒着死亡的危险，也不愿用虚假的警报来使自己难堪。

加入群体

人们有一种明显的顺从欲望，想让自己成为群体的一部分。1967 年，人们发布了一项不是心理学家完成的研究，它由一位美国的历史老师罗恩·琼斯（Ron Jones，生于 1941 年）在加利福尼亚的帕洛阿尔托完成。琼斯很难让自己的高中学生相信法西斯主义在纳粹德国扎根如此迅速，于是他发起了一场运动，他称之为"第三次浪潮"，目的是推翻民主。他提出了一个令人信服的案例，证明一个不同的系统能够更好地为个人提供高标准的业绩和更大的回报。他说，民主的问题是因为它关注个人，因此削弱了群体的力量。

琼斯本来只打算做一天实验，但实验非常成功，于是他继续做实验。他加上了一些更权威的仪式（包括一个敬礼和正式的问候）成立了一个组织，并排除非会员。三天内，共有 200 名学生加入组织，他们的学习成绩有所提高，一些组织成员开始谴责违反规则的其他成员。到了第四天，他觉得实验已经失控了，不得不停下来。他以全民运动即将发动为借口，把这个组织叫到一个集会上让他们聚在一起。他告诉他们，这一切都是一个实验，并给他们看了一部关于第三帝国的电影。

与特纳的自我归类理论一样，琼斯的学生都渴望按照“第三浪潮团”的群体要求来界定自己。他们想吸收自己认同的这个群体所代表的价值观，因为他们都认为这个群体代表了自己，它是他们个人身份的一部分。琼斯已经证明这种信念非常有效，我们都想从属于一个群体，并且很容易成功，用阿道夫·艾希曼的话说，让自己成为“拉车的众多马匹之一”，即使这辆车正行驶在通往地狱的路上。

> 通过纪律的力量，通过社区的力量，通过行动的力量，通过骄傲的力量。
>
> 琼斯“第三浪潮团”的座右铭

从内部驱动

人本主义心理学家更关心我们的个人能力，而不是群体身份或共同拥有的东西。然而，根据亚伯拉罕·马斯洛的观点，在自我实现的道路上，我们必须首先满足其他需求。

需求金字塔

1954 年，马斯洛出版了一张图表，解释了自己的人类动机理论。“需求金字塔”表示了人类在“自我实现”的道路上，必须满足从低到高不同层次的需求。他认为，这些需求为所有人类的努力提供了动力。虽然马斯洛制作需求金字塔作为一种个人发展的路线图，但它展现的却是人类的普遍状况。驱动我们满足这些需求的驱力使我们成为人类中的一员，标志着我们之所以成为一个个体，是因为我们在满足需求的过程尽头完成了自我实现。

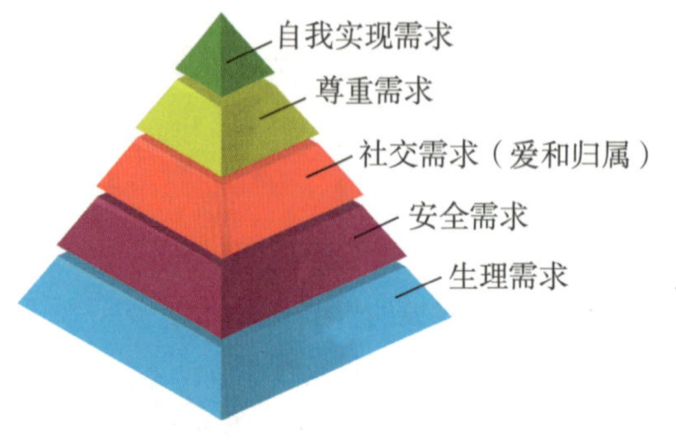

金字塔的底部是最基本的生理需求：需求食物、水、睡眠、空气和基本的身体功能。这些需求一旦得到满足，我们就试图满足安全的需求，这种需求既包括身体安全，也包括有稳定工作、住房等的安全。接下来，我们寻求满足社交（爱和归属）的需求，我们通过家庭、朋友和性亲密来满足这些需求。最后是尊重（和被尊重）的需求，其中包括自尊和自信。这些需求得到满足后，我们就可以开始自我实现。

马斯洛不同于柏拉图以及其他哲学家和心理学家，他鉴别了最基础的需求，并建议满足这些需求，而他的许多前辈都曾说过，这些需求应该在我们追求更高的理想过程中被抑制、拒绝或忽视。对马斯洛来说，需求驱动着人类的一切行动和人的一部分——一个好的、有生产力的部分，因为这些需求促使我们取得成就。

群体内外

我们想要成为一个独立的个体，但又想要归属，让自己成为群体的一部分而不是被排斥在外。如果能够自我实现，也许与众不同会让我们感到舒服。但是与众不同是有危险的，其中一种危险就是被人认为是疯狂的。那些曾经与众不同的或没有尽力像其他人一样的人，常常被人们边缘化、妖魔化、病态化和制度化。人们试图确定人类的心智是什么的另一面就是同时发现某些人是不同的。

THE STORY OF PSYCHOLOGY 第8章

与常人不同

变态心理的探讨

> 我迟到了，但我不知道是什么原因，我对任何娱乐的事都懒得过问，一点兴致都提不起来。在这种抑郁的心境下，大地仿佛负载万物。这个美好的星球似乎只是一个不毛的荒岬，在我看来，它无非只是一堆污浊的瘴气的集合。人类不能使我发生兴趣，不，女人也不能使我产生兴趣。
>
> 威廉·莎士比亚，《哈姆雷特》（*Hamlet*，第 1 幕，第 3 场）

匈牙利的精神病学家托马斯·萨斯（Thomas Szasz，1920 年—2012 年）认为，那些经常在生活中遇到困难的人是因为他们不想努力像大多数人一样生活。他们就是那些被归类为疯子、不安分子或患有精神病的人。

在旁观者的眼中，他们是疯狂的，这些“疯子”并不像我们一样，这就是我们把他们视为疯子的原因。现在，我们有几种定义异常心理学的方法，其标准包括人是否能在社会中充分发挥作用、是否处于困境以及离心理健康的“正常”水平有多远等。

你出什么问题了

与患身体疾病一样，人们可能患有急性精神疾病或长期、慢性精神疾病。有些人天生就有不同于一般人的思想，就像有些人生来就有不同的身体或者随着时间的推移而发展出心理问题一样。我们有三种不同的方式来解释心理问题：超自然的（恶魔或灵魂造成的）、生物的（有身体原因）以及心理的（心理事件或问题背后的心理状况）。

> 如果你在和上帝说话，你就是在祈祷；如果上帝和你说话，你就是得了精神分裂症。如果死去的人和你谈话，你就是一个唯心论者；如果

> 你和死去的人谈话，你就是一个精神分裂症患者。
>
> 托马斯 • 萨斯（1973 年）

让错误的那个进来（或出去）

在没有更好的解释时，人们经常将患有精神疾病归咎于神、灵或恶魔的行动，甚至一些古希腊人和古罗马人也把疯癫归咎于神的行动。公元 400 年，在罗马帝国灭亡后，人们治疗疯癫的所有生理和心理的方法就被遗忘了，于是人们又对其转向了迷信的解释。到了中世纪早期，知识中心转移到阿拉伯和波斯等国家，大量的古典著作被翻译和扩充。中东医生普遍遵循希腊医生盖伦的观点，把精神损害归咎于体液失衡。例如，伊本 • 辛纳认为人具有的野兽般疯狂的特点是混乱、躁动、凶猛，就像一个食肉动物做出的行为，这是由于被烧焦的黄色或黑色胆汁进入大脑引起的。

但非学者的普通阿拉伯人仍然相信疯狂主要是由超自然的因素造成的，如精灵（邪恶的灵魂或“精灵”）。实际上，疯癫在阿拉伯语里叫作“junun”，意思是被精灵占据。疯病是由于未能遵守仪式和禁忌，可能由邪恶的眼睛引起；也可能是上帝的旨意；或因一些非自然的方式（如创伤）；或通过遗传而导致发疯。

描述疯癫的用语

我们不再说有人疯了。现在，有些人更喜欢使用“精神痛苦”这个词，以避免患病的耻辱。在过去，我们并没有这种感觉。游客支付 1 分钱去看“疯子”，但他们不会付钱去看精神痛苦的人。20 世纪初，术语“白痴”“低能”和“愚痴”都有精确的医学意义。白痴是智商在 0~20 之间的人；低能是智商在 21~50 之间的人；愚痴是智商在 51~70 之间的人。

癫痫——神圣的疾病

癫痫现在被认为是一种神经系统紊乱，但千百年来，它的症状（如癫痫发作、意识丧失、流口水）都被认为是疯癫的信号。

人们对癫痫最早的描述来自 4000 多年前的美索不达米亚。癫痫病人说自己在月亮神的影响下发病，而后来妖魔被驱除。在大约写于公元前 1790 年的《汉谟拉比法典》中，如果一个人买了一个奴隶，随后发现这个奴隶患有癫痫，他可以将此人退回并得到退款。患有癫痫被认为是邪灵占据了人的身体，人们使用超自然的手段对其进行治疗。而古希腊人把癫痫与神灵和天才相联系，他们将其称为“神圣的疾病”。希波克拉底对此发表了反对的意见，说这是一种身体的疾病，部分原因是由于遗传造成的，但是这一次，他的观点并不占上风。癫痫和精神病之间的联系的观点一直持续到 17 世纪的欧洲。在今天的坦桑尼亚，癫痫仍然被认为是由于巫术或邪灵造成的。

在欧洲基督教教会的鼓励下，直到启蒙运动开始前，人们的主流观点都是用魔鬼和邪灵这些超自然的因素来解释疯病。人们对精神病患者的治疗往往是不人道的，这种虐待意在驱逐那些攻击或占有人身体的精神恶魔。15~18 世纪，在欧洲和美国的许多地方抓捕女巫期间，这些精神病患者会遭受酷刑或被处决，这些方式夺走了很多人的生命。有人仅仅表现出一些奇怪但无害的行为（如喃喃自语、语无伦次和重复的动作），就足以被指控为使用巫术，他们会被绞死或烧死。

但是，如果有邪灵，也就有神灵。正如希腊人认为癫痫是神圣的一样，某些形式明显的疯癫被认为是神的启示或圣灵出现。16 世纪，摩尔的历史学家、

作家乔安尼斯·利奥·阿非利加努斯（Joannes Leo Africanus，1494 年—1554 年）写道："在北非，有些人看上去精神错乱，他们光头赤脚地走来，带着与自己有关的石头。他们被认为是非凡而神圣的，会受到普通人的敬畏。"

月色撩人

"疯癫"一词起源于罗马人的某种信念，他们相信有些人疯狂是由于受到月亮的影响，或者是月亮女神露娜的行动造成的。

马杰里·肯普

英国神秘主义者马杰里·肯普（Margery Kempe，1373 年　1440 年）用英语写了第一本回忆录（或自传）。在第一个孩子出生后，她似乎患上了某种精神疾病，但也许是产后抑郁症或躁狂症，因为她记录道，她相信自己被恶魔包围了，并通过自我伤害来寻求解脱。后来，她在体验了一次宗教仪式后，就经常在教堂怒吼咆哮，并相信这是圣灵的影响。教会似乎认同了她，因为教会允许她去朝圣，有时还鼓励她去教堂体验自己的“圣灵探访”，而没有指控她在使用巫术或认为这是不自然的行为。

歇斯底里症的历史

现在，歇斯底里症被称为表演型人格障碍（HPD）。它的特点包括过度的情感展示、寻求注意、不适当的性表现或行为、自吹自擂、夸张的行为、想给人留下深刻的印象、矫揉造作、以自我为中心等，患者往往思想肤浅而情感多变。美国普通人群中大约有 2%~3% 的人罹患此症，女性比男性的发病率更高。

古埃及人是第一个提到歇斯底里症的。公元前 1900 年，《埃伯斯伯比书》（*Ebers Papyrus*）中描述这种病与子宫有关。古希腊人继续持这种观点。希波克拉底是第一个使用术语“歇斯底里”来描述这种疾病的人，认为它是由于子宫的任性运动引起的，这种运动是因为性活动过少造成的。直到 17 世纪，子宫才与这种疾病脱离了关系。英国医生托马斯•威利斯指出，大脑和神经系统是患歇斯底里症的根源，这意味着男性也可能患上歇斯底里症。

德国医生弗朗茨•梅斯梅尔（Franz Mesmer，1734 年—1815 年）建议用自己的技术——梅氏催眠术来治疗歇斯底里症患者。19 世纪，让-马丁•沙尔科对癔病患者使用了催眠。弗洛伊德受到沙尔科的影响，他对歇斯底里症的解释是：当个体的性欲没有正常地宣泄出来时，歇斯底里症就会发作。

最近，有一些这样的观点：歇斯底里症不完全是一种心理障碍，而是某种文化障碍。这种说法认为，确诊患有歇斯底里症的人被贴上的标签是他们不符合当时的行为规范，而不是因为他们存在这样一种精神状态。

生物学与大脑

希波克拉底驳斥了超自然因素导致精神疾病的说法。他教导说，精神疾病的产生有身体的原因，而最常见的是由于四种体液的某种不平衡导致的，这些体液可以影响人的情绪和行为，对身体也有影响。他认为，歇斯底里症是一种例外。

某种心理不平衡

希腊医生阿斯克勒庇俄斯（Asclepiades，公元前 127 年—公元前 40 年）驳斥了用来解释心理困扰的原因的体液学说，而将原因归咎于情绪问题。瑞士医生和炼金术士帕拉切尔苏斯（Paracelsus，1493 年—1541 年）也认为这是由于某种化学物质失衡导致的，因此他使用中草药制剂来治疗病人。他将人的身体看作一个化学系统，这个系统必须与自身（“缩影”）和大环境（“宇宙”）保持平衡。

帕拉切尔苏斯将心理问题分为以下 5 类：

- 癫痫；
- 躁狂；
- 舞蹈求雌狂（淫荡行为）；
- 智力迟滞（智力发展受阻）；
- 真疯（那些永久性的疯癫、没有清醒或缓解的时期）。

他说，癫痫是由于生命酒精（生命精神）沸腾并上升到大脑造成的。他建议在疾病没有根深蒂固前使用草药治疗，但他又说，有时癫痫是与生俱来的（这与希波克拉底的观点一致）。他认为躁狂是由于某种体液在身体中上升并聚集在头部，其中一部分体液凝结了，而另外一部分体液保持蒸汽状态。

无论是舞蹈求雌狂，还是智力迟滞，他都没有做出清晰的描述。他提到了三种智力迟滞：第一种是由肠道寄生虫引起的；第二种只发生在女性身上，是由子宫失调引起的（大概就是歇斯底里症）；第三种是睡眠障碍。他还提到了患舞蹈求雌狂的几个原因，包括轻率的行为和丢脸的生活（例如，做妓女或享受吉他音乐）：

> 因此，患舞蹈求雌狂这种疾病的原因是出现了一种纯粹的意见和思想，患者通过想象影响了那些相信这种事的人。无论是成人还是儿童，这种观点和想法都是患病的根源。在孩子身上，他们也是通过想象而发病。这种想象不是基于思考，而是基于感知，因为他们听到或看到了一些东西。他们患病的原因是：他们的视力和听力都很强，以至于在不知不觉中对看到或听到的事物产生了幻想。
>
> 帕拉切尔苏斯（1567 年，在其去世后公布）

帕拉切尔苏斯对精神疾病进行了分类，其中包括五种“真正的精神病”：忧郁（抑郁）；由月亮引起的精神错乱；由进食或饮水引起的永久性疯癫（大概误食了一些有毒的东西）；天生精神失常，这种精神病要么是因为患者从父母那里继承了疯癫基因，要么是因为基因本身有缺陷；以及那些被魔鬼附身的人。这是他唯一一次提到恶魔附身，而并没有对此做出详细解释。

研究体液

帕拉切尔苏斯的理论比较特立独行。即使在 19 世纪，大多数人也都是依据体液理论来寻找患精神疾病的身体原因。体液理论给出了一种根据病因对精神障碍进行分类的方法，抑郁（忧郁）就是由于过量的黑胆汁引起的。因此，人们治疗的目的是减少过量的黑胆汁，通常会对病人的血液进行净化或者放血。

体液失衡的诊断方法包括倾听病人讲述自身的烦恼和日常生活引起的问题，并检查甚至品尝病人的血液和尿液来判断体液失衡的类型。

忧郁解析

1621 年，英国学者理查德•伯顿（Richard Burton，1577 年—1640 年）出版了关于抑郁症的第一本完整的教科书——《忧郁解析》（*The Anatomy of Melancholy*）。这是一部大百科全书式的巨著，第一版就多达 900 页，而且伯顿在自己的一生中继续扩展了这本书的内容。这本书的内容晦涩难懂，充满了各种古典语录和参考文献，涵盖了与抑郁症略有关联的无数话题。即便如此，伯顿还在书中区分了日常生活事件引起的痛苦（现在被称为“反应性抑郁”）和根深蒂固的忧郁（现代术语叫作“临床抑郁症”）。他对忧郁性格的描述十分冗长：

“短暂的忧郁指的是每次感受到的微小的悲伤、需要、疾病、烦恼、恐惧、悲伤、激情等情绪的无常，心灵的烦扰，任何形式的关心、不满，由于痛苦、沉重和精神烦恼而产生的想法，以及任何与快乐、欢笑、喜悦、高兴等对立的情绪，这些可能导致我们鲁莽的行为或者表示出不喜欢……”

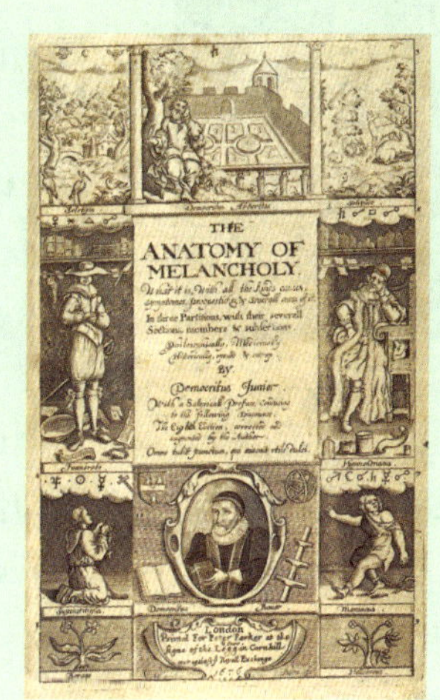

另一种忧郁（临床抑郁症）叫作“习惯的忧郁”，它是本书的主题：

“这是我们要治疗的忧郁，它是一种习惯、一种严重的疾病以及一种固定的体液状态，奥雷利安纳斯和其他人都这么认为。它本身没有错，但非常稳定且长期以来一直不断地增强，所以很难被消除。”

忧郁的人什么都怕，他会逃离，不能出去，成为一个在阴暗的地方生活的野蛮生物。他多疑、独居，不见天日，没有什么可以让他开心，他只有不满，这些让他的生活充满了虚假和空虚的想象。

解剖学家安德烈亚斯•劳伦斯

（Andreas Laurentius，1558 年—1609 年）

发现大脑

最后，人们终于开始发现大脑的生理状态和某些形式的精神障碍的联系。其中，最引人注目的案例就是对铁路工人菲尼亚斯·盖奇（Phineas Gage）的研究。

1848 年，盖奇在美国佛蒙特州铁路做建筑领班时遭遇了可怕的事故。一根长而尖的金属棒穿透了他的头颅，从颧骨下面进去，从眉骨上方出来，破坏了他大部分的大脑左额叶。强壮的盖奇受伤后笔直地坐在牛车上和医生聊天，并给医生提供有用的信息。盖奇本来不可能活下来，但他却奇迹般地康复了。据说，他的性格发生了改变，变得粗俗无礼。虽然有相互矛盾的报告认为，盖奇发生的这些变化似乎是暂时的。

当时的心理学家虽然并没有对盖奇的病例得出什么研究结论，但都注意到它也许算一个特例，即对人进行额叶切除术并不一定致命。他的病例被颅相学者用来支持自己的理论，正因为他的尊敬器官和/或爱心器官被破坏了，所以导致他后来出现了粗鲁行为（但这并不是事实，随着时间的推移，这种行为被矫正）。这一案例还被用来证明大脑中没有功能的定位，因为他即使大部分左额叶缺失，还是能做大多数自己之前就能做的事。显然，这两个结论是相互排斥的。

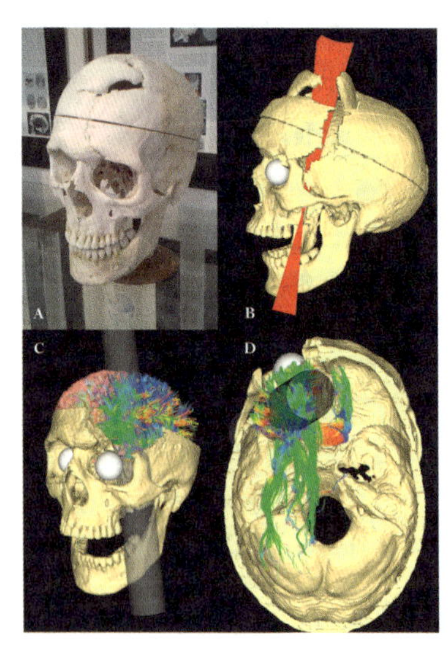

1861 年，脑功能定位理论得到了明显的证据支持。法国外科医生保罗·彼埃尔·布罗卡（Paul Pierre Broca，1824 年—1880 年）发现了一个大脑区域，现在被称为布罗卡氏区，这一区域负责说话的能力。布罗卡的发现来自他对一个叫莱沃尔涅的病人的尸检，这个病人生前失去了说话的能力，他只能说一个词“tan”。布罗卡发现，梅毒引起这个病人大脑额叶的病变。第二个病人勒隆只能说 5 个词，布罗卡发现他的额叶也在同一区域受损。

从那时起，大脑越来越多的负责特定功能的区域被人们发现。现代的成像方法（如 PET 扫描和核磁共振扫描）已被用于显示大脑的哪些区域会在执行特定任务时被激活，并比较不同脑结构的大小（详见第 3 章“路线大师”的内容）。有时，大脑不同部分的异常大小或异常激活与特定的异常心理有关。此外，人们通过 DNA 测序也发现了一些基因变异与异常心理之间的联系。

精神解释一切

人们对心理异常的原因的第一次彻底研究来自西格蒙德•弗洛伊德和奥地利医生约瑟夫•布洛伊尔（Joseph Breuer，1842 年—1925 年）所做的工作。据弗洛伊德所说，成人心理中的所有扰动都是受过去创伤造成的结果。这种创伤通常源于童年，并且已被人们所遗忘或压抑住。他的理论是：我们以前的生理、心理或情感体验产生了这种精神状态，只有与治疗师深入交谈，由治疗师分析病人心理异常的原因，才能将问题暴露出来并对其进行治疗（详见第 8 章“全靠谈话”的内容）。

性的重要性

弗洛伊德认为所有的神经症都源于童年的经历，还有可能涉及性侵犯事件（通常是由一个成人造成的“诱惑”）。在他早期的职业生涯中，他声称在所有病人身上都发现了性经历。后来，他改变了语气，说这些病人并不一定都会经历性虐待，这种经历可能作为一种记忆或幻想出现在每个病人身上，也会具有同样的效果。事实上，他的病人中并没有在治疗前回忆起任何童年时遭受性虐待的情形。

弗洛伊德认为，人类行为的每个方面都被力比多所驱动，并认为力比多是一种性冲动。他的许多最具有影响力和博学的追随者都与其分道扬镳，因为他只把性作为自己工作的中心。大多数人认为，还有其他驱力和事件可能会影响行为和心理健康，这种观点才是合理的。荣格和阿尔弗雷德•阿德勒是其中最著名的反对者。唯一一位自始至终支持他的心理学家是他的女儿安娜·弗洛伊德。

凶手在里面

2006年，美国神经学家詹姆斯·法伦（James Fallon，生于1947年）有一个特别惊人的发现。他分别研究了精神病患者和老年痴呆症患者的大脑扫描图，发现自己的大脑与病态大脑的轮廓一样（他用自己的脑扫描图作为研究阿尔茨海默病的一个控制组），它在额叶和颞叶区域的激活水平低于正常水平。当看到遗传指标时，他发现自己也有MAO-A基因变异，该变异与精神病有关。他调查了自己的家族史，发现自己与几个被定罪的杀人犯是亲戚，其中包括臭名昭著的丽奇·伯顿［Lizzie Borden，1892年，她被指控（但无罪释放）用斧头谋杀了自己的父母］。他得出结论：自己是一个亲社会的疯子，雄心勃勃，成就很高，但并不危险。然而，通过不同的教养可能使他成为一个全面的连环杀手。

反对的声音

德裔美国人心理学家雨果·穆斯腾伯格（Hugo Münsterberg，1863年—1916年）研究了许多精神病人，试图了解精神病患者产生异常行为的原因。尽管，他对弗洛伊德的精神分析方法没有耐心，也没有试图调查病人过去的或无意识的动机。相反，他鼓励患者改善病情，并相信病情随后就会有所改善。尽管他认为真正的精神病无法治愈，这是由于神经系统的退行性损伤造成的，它是一种生理疾病，而不是心理问题。

行为主义者约翰·华生也发现，人们患心理疾病都是早期经验造成的结果，但并不像弗洛伊德所说的那样经历了内化和溃烂的过程。华生认为，所谓的许多心理疾病的症状都是条件反射的表现，只是这些条件反射适得其反。他对特定的精神分析工具（如单词联想测试）感兴趣，认为这种测试可以让人们追踪那些表现为精神疾病的扭曲习惯的起源和确切的性质。

继续前行

虽然弗洛伊德的一些研究结果遭到人们怀疑，但其“早期经验给人留下深刻的印象，并会影响后来的心理状态”这一观点，现在很少会有争议。弗洛伊德曾经的同事阿德勒发展了自己的理论，即童年时产生自卑感或优越感（详见第 6 章“建立‘你’”的内容）。今天，大量的心理治疗都建立在一个普遍的前提下，即一个人在孩提时代受到了怎样的对待，以及以后的生活经历有时会对其心理产生持久的、有害的影响。

弗洛伊德的性问题

性心理发展阶段：弗洛伊德认为，根据孩子们得到性快感的不同身体部位（即所谓的性敏感区），可以划分所有孩子在早期发展时经历的心理发展阶段。出生第一年，孩子处于口欲期阶段，其性敏感区是嘴，他们通过吸吮和用嘴探索物体而获得乐趣。接下来的一年，孩子的性敏感区是肛门，他们要学习排便控制。2~5 岁，孩子的性敏感区是生殖器。弗洛伊德将这一阶段称为阴茎阶段，认为它适用于男孩和女孩，并认为阴蒂是一种迷你阴茎。他认为，孩子在任何一个阶段发展停滞都会导致特定类型的人格混乱。弗洛伊德将发展中的以下三个方面看作是特别重要的。

恋母情结：弗洛伊德声称，男孩和女孩在生殖器阶段都会对母亲产生强烈的性欲望。在男孩身上，俄狄浦斯的情结导致他为了获得母亲的爱（至少是潜在的）而与父亲产生了竞争关系，想要杀死父亲并取代他。这种情结的名字就取自希腊神话中的俄狄浦斯。

阉割焦虑：孩子认为爸爸更强大。他对母亲的感情来自自己的阴茎，并因此发展了阉割焦虑。他害怕自己的无力感会在身体上有所表现。

阴茎妒忌：女孩注意到父亲拥有一个有价值的东西——阴茎，而她没有。她很羡慕他，但因为她无法拥有阴茎，于是她就“变成”了母亲的角色来分享父亲。

了解种类

在公元前2世纪，阿斯克勒庇俄斯区分了急性和慢性心理障碍，以及幻觉和妄想。急性心理障碍的发作期可能会在人们丧失亲人或遭受其他损失之后；抑郁会由于人们对损失的调整而慢慢过去。人们患有的慢性病可能是永久性精神错乱或持续性情绪障碍。

罗马作者奥鲁斯·科尼利厄斯·凯尔苏斯（Aulus Cornelius Celsus，约公元前25年—公元50年）在自己的著作《医术》（*De medicina*）里最早使用“精神病”这个术语，该书大约写于公元30年。他根据病人的行为区分了不同的类型：

> 人们有几种类型的疯病：有的人会伤心；有的人会躁狂；有的人患的疯病很容易控制，只是言语很狂野；有的人有暴力行为；有的人只在冲动的时候伤害别人，而有的人的发病情况非常巧妙，他们会抓住机会恶作剧，完整地展现自己正常的神志，但是人们能由他们做出的行为结果而发现其不正常。

他描述了那些自认为是上帝、名人、无生命的物体或动物的人，以及患有癫痫症和妄想症的人，并区分了由发烧引起的幻觉和真正的妄想。

罗马医学哲学家阿里泰乌斯（Aretaeus，公元50年—公元130年）鉴别了双相情感障碍的模式：抑郁和躁狂交替发作，其间有段清醒期。他倡议要对精神病人进行人道主义治疗，并认识到他们不仅仅是由于智力限制而导致出现心理健康问题。

公元10世纪，阿拉伯精神科大夫纳杰卜·尤丁·穆罕默德（Najab ud-din Muhammad）

确定了 30 种不同类型的精神疾病，包括激越性抑郁症、神经症、阳痿、精神病、精神分裂症、躁狂症、阴茎异常勃起、强迫、强迫性障碍、妄想障碍退行性疾病等。

瑞士医生费利克斯•普拉特（Felix Platter，1536 年—1614 年）概述了几种不同类型的精神障碍，包括躁狂症、谵妄、幻觉、愚蠢和强迫性的不受欢迎的想法（现在被认为是强迫症的一种症状）。

（在忧郁的情况下）受害者的想象和判断是如此地反常，没有任何理由。他们变得非常悲伤和恐惧。因为他们除了表达一种简单的或错误的意见，不能列举出任何悲伤或害怕的原因。这些想法都是他们想象出来的，是其忧虑不安的结果。这种可怕的忧郁往往使人绝望，绝望是忧郁最常见的形式。在治疗忧郁时，我经常受到很大的阻碍。患者们在倾吐病情时经常泪眼婆娑，深深叹息，觉得自己的心灵在承受巨大的痛苦，他们整个身体都在颤抖。当他们被忧郁所笼罩时，他们觉得自己亵渎了上帝，犯下了许多可怕的罪行，并且逐渐变得暴力，还会杀死自己的丈夫、妻子、孩子、邻居或管理者。他们并非出于嫉妒才这样做，其实他们深深地爱着这些人，他们完全出于某种非自愿的强制性感觉才这样做。他们说，这样的想法涌进了自己的大脑，他们实际上违背了自己的意愿。他们不断地迫切呼唤上帝，将自己从这样不敬的思想中解放出来。

费利克斯•普拉特（1602 年）

从症状到症候群

19 世纪，人们对精神疾病进行了第一次彻底的分类尝试。德国精神病学家埃米尔•克雷佩林（Emil Kraepelin，1856 年—1926 年）与冯特一起研究心理学，他想对精神疾病进行彻底的分类，就像冯特对感觉的分类那样。为此，他花了多年时间来研究精神病人，并确定了不同病程、结果和不同条件的预后。

与患有身体疾病类似，患有相同的精神疾病症状可能会有许多不同的原因。假设每个产生幻觉的人都有相同的精神症状是不明智的，这就好像假设每个打喷嚏的人都有相同的身体疾病那样荒谬。

在克雷佩林之前，已经有医生列出了数百种精神疾病的症状，但他采用了不同的方法，并把这种方法称为临床划分。他并不是把主要症状相同的病例合成一组，而是使用了症状模式（或者叫症候群）来作为自己分类系统的基础。

他最重要的贡献之一是将精神疾病分为两类：第一类，他称为“躁狂–抑郁性精神病（现在被称为双相情感障碍），它通常规律性地间歇发作；第二类，他称为“早发性痴呆”（过早痴呆），因为它通常出现在人的成年早期，不仅从不消失，还会退化。18 世纪末，法国医生菲利普•皮内尔（Philippe Pinel，1745 年—1826 年）首次描述了该病症。1908 年，瑞士心理学家保罗•欧根•布洛伊勒（Paul Eugen Bleuler，1857 年—1939 年）确定痴呆是该病症的次要症状，并将其命名为“精神分裂症”。

克雷佩林开创的精神药理学主要研究药物对神经系统的影响，他研究的物质包括吗啡、咖啡和酒精。他预期所有的精神疾病都有一个身体的或遗传的标记，尽管现在这些标记还不为人所知。他深信，许多精神疾病都有遗传的根源。不幸的是，他得出这样的结论是因为支持优生学的观点，认为如果这些问题可以通过限制性繁殖而消亡的话，世界将变得更美好。

克雷佩林对精神障碍的分类启发人们编制了《精神疾病诊断和统计手册》（*DSM*）。现在，这本手册是许多精神科医生诊断病人是否患有精神疾病的依据。现在，人们对大脑结构、化学和生物过程的了解不断加深，可以对一些心理健康问题进行更精确的解释，但不一定能完全治愈它们。

护理、治疗和遏制

精神障碍的涵盖范围极广，它包括从影响一个人日常生活的神经症到导致人无法正常生活的全面性的精神病。显然，这些疾病需要不同类型的治疗。

治疗精神疾病一直是非常困难的，并且这些治疗往往不成功。在理想的世界里，医生可以提供治疗方法，但更常用的是护理的方法。最糟糕的情况是对患者采取遏制措施，这种方法常常是解决精神健康问题的唯一措施。许多精神上感到痛苦的人没有得到治疗，他们要么被家人照顾，要么四处游荡、生命脆弱、只依赖他人的善意来维持生活。毫无疑问，许多人过早地走向了可悲的结局。

神经症和精神病

患有精神病就意味着与现实失去联系。精神疾病患者中有些人表现为发病期之间间隔着或长或短的清醒期，而另外一些人则永远地与现实脱节。神经症患者则是对生活的某些方面过度反应或担忧，导致其焦虑、苦恼或困扰。

与魔鬼做交易

人们通常认为，想要解决一些由超自然的原因导致的事情，最好使用超自然的方式（如咒语、符咒和祈祷等）来解决。有时，随着患者病情的好转，人们会认为似乎是这些超自然的方法起了作用（不管是巧合还是暗示），从而增强了他们对超自然的原因和治疗的信念。但是，人们使用的超自然的治疗方法并不仅限于温和的咒语或护身符，还包括残忍地伤害身体。

人们已知的一种最古老的治疗方法是环钻术。外科医生会用动物骨头、贝壳、岩石甚至金属制成的刀或钻头在颅骨上钻一个洞，或者切除颅骨的一部分。他们认为，钻孔可用于治疗头痛或释放灵魂。现存最早的被钻孔的颅骨来自新石器时代，有 10 000 多年的历史。约有 2/3 的颅骨切除案例都出现了骨头再生的证据，表明这些病人存活了相当长的时间，一些病人甚至经历了不止一次钻孔治疗。环钻术疗法并不只出现在遥远的过去。法国医生阿诺达斯·迪·维拉诺瓦（Arnaldus de Villanova，1235 年—1313 年）主张使用环钻术让恶魔和坏的体液一起流出大脑，这种方法在非洲、南美和美拉尼西亚的部分地区仍在使用。

公元前 4 世纪，一个患有精神或身体疾病的古希腊人可能会选择去一座祭祀医神阿斯克勒庇俄斯（god Asclepius）的神庙祭祀。他先会祈祷并献上祭品，然后睡在神庙的宿舍（一种被称为“孵化”的做法），希望自己能做个梦，这些梦可以引导牧师 / 医生找到合适的治疗方式。许多无毒蛇在宿舍的地板上自由爬行，并被用于治疗仪式。这就是蛇–人的象征，阿斯克勒庇俄斯蛇杖上的蛇就与医术相联系。医生的工作就是正确地解释病人的梦，他们对病人的治疗可能包括使用草药、特殊饮食、沐浴、按摩或其他物理治疗。

在中世纪的阿拉伯国家，有些治疗方法往往很先进，但也有可能使用包括对部分身体进行驱邪或焚烧的方法。在 13 世纪的安纳托利亚，人们由托钵僧来进行驱邪活动。在欧洲，人们也用驱邪的方式来努力挽救一个被恶魔骚扰的人，如果这种恶魔不能简单地归类为女巫而被迅速遣走的话。

值得庆幸的是，人们相信迷信治疗的历史已经完全结束，但其实在某些地方迷信治疗的力量仍然很强大。在乍得，埃吉•伯森博士（Dr Egip Bolsane）是唯一的精神科医生，直到现在他还告诉自己的病人不要相信巫术。

获得健康

人们对精神疾病的物理治疗依赖于鬼魂和机器之间的某种联系。在欧洲历史上，人们使用的许多主流治疗方法都曾尝试通过平衡体液来治疗精神疾病。

调节体液

自古希腊人起，人们就因体液理论对精神疾病产生了一些温和的和侵入性的物理疗法。希波克拉底推荐的许多治疗方法可能都是有益的：健康的饮食，

充足的睡眠，一个锻炼和活动的制度，舒适的沐浴和其他温和的疗法。其他的治疗方法则不那么令人愉快，也可能没什么益处。在接下来的 2000 年里，人们对患者过度地放血和净化为其身体造成了很大的伤害。

公元前 2 世纪，卑斯尼亚的阿斯克勒庇俄斯认为可以使用交感神经疗法来治疗精神病患者。他不赞成放血疗法，而赞成把他们关起来。相反，他提倡自然疗法（如按摩、饮食和音乐疗法），并为不同精神状态的患者推荐不同风格的音乐。他还提倡用秋千吊床来帮助患者入睡。早期的阿拉伯医院会根据精神疾病患者的病情，为他们提供愉快和不愉快两种治疗相结合的方法。这些治疗方法可能是让患者使用催吐剂、用杯子或水蛭给他们放血，以及让他们沐浴等。这些方法针对的是患者大脑中过量的胆汁，将它们清除出身体（放血和催吐）或者稀释（提供额外的水分）。

> 然而，如果这种思想是在欺骗病人，那么所谓的对病人最好的治疗其实是一种折磨。当病人说错或做错什么事，他就会挨饿、被捆绑起来和被鞭打。他将被迫去注意和学习一些东西，并记住它。这样一来，他就会被恐惧所逼迫去思考自己在做什么。在这种疾病中，病人突然感到恐惧和害怕是有益的。
>
> 帕拉切尔苏斯（公元 2 世纪）

帕拉切尔苏斯没有依据体液的模型来治疗精神疾病，但是，他的一些治疗方法明显令人非常难受。对于躁狂症，他提出了两种治疗方法。一种方法是野蛮的，包括用化学方法或外科手术来剥手指和脚趾（或其他部位）的皮，这样“蒸汽”就会从伤处溢出。另一种方法是服用药物，我们可以想象这会更受病人欢迎。他认为，像舞蹈求雌狂这样的病症以淫荡的行为为标志，他首先会将病人关在一个黑屋子里，只给他们一点食物和水。如果这个办法无效，就会导致对其一顿暴揍。最后，他建议将最顽固的病人扔进冷水里。

从 17 世纪到 19 世纪，人们对疯人院和精神病院的病人使用了许多残酷的疗法，目的是为了帮助他们平衡体液，这些疗法包括放血、清洗（使用催吐剂）、饥饿、冷水浴等。随着收治精神病患者机构的增加，人们有可能以系统和有条不紊的方式对许多人实施这些治疗，很难说有多少人实施这些治疗是出于真正的好意，又有多少人假借治疗之名对病人进行虐待。人们采取的有些治疗措施（如饥饿和寒冷）也促进了经济的发展。在欧洲，人们并没有关于温水浴和自然疗法的报道，就像在阿拉伯的医院里发生的那样。

精神病医院

中世纪，阿拉伯国家最伟大的成就之一就是创建医院。没有人因为无力支付医疗费而被拒之门外，医院对男女都开放。人们最早为精神病患者创建医院的确定性证据出现在埃及开罗，是由埃及阿巴斯王朝的统治者艾哈迈德•伊本•图伦（Ahmad ibn Tulun）创建的。随之而来的是，这些医院为精神病患者提供了标准的疗法。1183 年，旅行者伊本•朱巴伊尔（Ibn Jubayr）描述了开罗纳斯里医院里的情形：

> 第三层地方很大，每个房间都有铁窗，这些是疯人院的禁闭室。每天，医院都有人检查病人的情况，并给他们采取适合的治疗措施。

医院里有用于镇静的药物及治疗措施，如鸦片、平静的音乐和按摩等。人们的目的非常明确，这些都用于精神病患者的护理和治疗。虽然他后来报告说，大马士革的一家医院里有“一个

处理这些关起来的疯子的系统，他们被锁链绑起来”，显然，这是为了保护医护人员和患者。一些谈话疗法似乎也已经流行起来。波斯医生阿布·伯克尔·穆罕默德·伊本·扎卡利亚·阿–拉齐（Abu Bakr Mohammad Ibn Zakariya al-Razi，公元 865 年—公元 925 年，他在西方被称为“拉齐”）建议医生帮助病人驱走那些占据他们意识的琐事，并帮助他们建立合理的思维。音乐、戏剧表演或阅读书籍和祈祷等方式也可以用于治疗病人。

伊斯兰精神病院人道的治疗持续了许多世纪。土耳其旅行作家埃夫利亚·切莱比（Evliya Çelebi，1611 年—1682 年）记录了自己在土耳其埃迪尔内的巴耶塞特清真寺旁边医院里的见闻。他描述了一种用花治疗嗅觉的方法，叙述了一个剧团里有一个歌手和一个音乐家，他们每周都去医院为病人表演三次。

对失心疯者视而不见

在阿拉伯的一些国家，精神病患者可以被医院接收治疗；而在欧洲，这些没有家人支持的人则到处流浪，乞讨食物。

在中世纪快要结束的时候，一些小的基督教机构（如修道院）开始关心（或至少表示关心）穷人罹患的精神疾病和身体疾病，那些不能照顾精神病患者的亲属可以向教区求助。教区可以为精神病患者提供护士护理，或将其安置在一个特殊的寄宿所。随着时间的推移，这些寄宿所就变成了私人的疯人院。

疯人院

喧闹的伯利恒圣玛丽修道院始建于 1247 年，它就是现在俗称的疯人院。1403 年，原来的贫民医院开始收治精神病患者，其中有 6 个病人被划分为精神病人。医院里有 4 副手铐、11 条锁链、6 把锁和两个禁闭室，这些用来约束

精神病人。到了1460年，这个修道院转变为纯粹的精神病院。

几个世纪以来，疯人院都是由不具备特殊的医学知识或对医学毫无兴趣的“看守”来看管的，这些人只是为了个人利益来干这些活。病人被置于恶劣的环境中，他们经常挨饿，很少或根本没有衣服穿。1598年，政府管理人员开展的一项督查工作发现“那里令人作呕地肮脏，任何人根本不适合踏入那所房子”。当时，那里有21名病人，他们在那里至少待了一年，其中一个人甚至做了25年的病人。

> 根据病人的实际情况，人们冬天会给一些房间供暖，而那些被警察带到收容所的病人脖子上都戴着镀金、银质的锁链，每个人都像关在笼子里的狮子那样咆哮和睡觉。一些人盯着水池子和远处的大山不停地重复着某些话，好像乞讨的苦行僧；而另一些人会在玫瑰园、葡萄园和果园里打瞌睡；还有一些人则发出疯狂而刺耳的声音。
>
> 埃夫利亚•切莱比

生意兴隆

17世纪，私立疯人院的数量迅速增长。很多疯人院都向公众开放，并让观看“疯子”成为一个旅游景点。观看一次收1便士，这是疯人院的一个重要的收入来源。另一个收入来源是它可以收治任何人，只要有人想摆脱某些人而不管他们是不是疯了。

病人的生活条件常常令人震惊。许多人长期被绑、被锁在墙上，他们经常躺在秸秆

上、自己的排泄物里，忍受着饥饿和寒冷，很少或根本没有衣服穿，也几乎没有能盖的被子。人们对他们进行的医疗干预措施包括放血、拍打和将其浸泡在冷水中，还用发明于 18 世纪的旋转椅以每分钟 100 转的速度旋转病人。人们在黑暗中使用旋转椅还能获得额外的效果。这个治疗的想法是将病人的血液和组织摇匀，使其恢复平衡。但实际上，这种做法会导致病人丧失意识，他们有时还会从耳朵、鼻子和嘴巴里流血。

1815 年，一个名叫杰姆斯•诺里斯（James Norris）的病人的遭遇导致疯人院和其他精神病医院的情况曝光在公众的视野中，而一个调查最终导致了疯人院的改革。

杰姆斯•诺里斯在疯人院里被单独关了 12 年的监禁，他被反绑双臂拴在一根金属棒上，没有任何关于他被送到疯人院的“疯狂”行为的细节记录。拜访他的 6 位议员都认为他神志清醒，大脑清晰，能正常交谈。他的案子引发了大不列颠的改革。

一个更好的方法：从疯人院到精神病院

18 世纪和 19 世纪的一场变革运动试图结束疯人院的糟糕状况。一种新的治疗方法由意大利医生文森佐•基亚鲁吉（Vincenzo Chiarugi，1759 年—1820 年）首创，英国医师威廉•图克（William Tuke，1732 年—1822 年）和法国的菲利普•皮内尔都对患者进行了人道的治疗。病人们没有被铁链锁着或被殴打，而且也不是必须要工作。如果需要约束他们，就对其使用金属加固的紧身衣或者织物绷带，而不是枷锁。这里不是疯人院，而是精神病医院，是对病人进行护理的地方，应该让他们在可能的情况下进行治疗。19 世纪，活动家多萝西娅•迪克斯（Dorothea Dix，1802 年—1887 年）在美国因进行类似的改革而（成功）获得竞选。

> 像尊重一个正常人一样尊重一个精神失常的病人，这是最高的道德义务和医疗义务。
>
> 文森佐 • 基亚鲁吉，《关于精神失常》
>
> （*On Insanity*，1793 年—1794 年）

1793 年，菲利普 • 皮内尔在巴黎的比赛克医院做医生期间，曾和一位非官方的州长一起工作过，这是一位名叫让 • 巴普蒂斯特 • 普森（Jean Baptiste Pussin）的前精神病患者，皮内尔用“所有实证方法获得的真知灼见，丰富了治疗精神疾病的医学理论”。他通过密切的个人接触和仔细观察来代替放血、清洗和起水疱等治疗措施。他没有给病人们上锁，而是与他们长时间交谈。这种方法显然属于精神病学的范畴。他建立了详细的病历，对不同类型的精神疾病进行了分类。

精神病院的建立

由基亚鲁吉、图克和皮内尔开展的工作，导致人们照顾精神病人的方式产生了巨大变化。19 世纪，欧洲和美国发生了戏剧性的社会变化，其城市发展迅速，人们的生活方式也发生了巨大变化。一些大规模的、正规的精神病院开始兴起，它们可以照顾那些不受家庭关心的、患有精神病的人。新建成的精神病院规模宏大：

> 想象一下，有一幢宽敞的建筑，它通风、高大、优美，被巨大的庭院和花园环绕；内部设置画廊、工作间和音乐室……所有的一切都是干净的、安静的和具有吸引力的。

法国心理学家让 – 艾蒂安 • 埃斯基罗尔（Jean-Etienne Esquirol，1772 年—1842 年）认为，帮助人们恢复健康的理想方式是用温和的方法，但现实却很骨感。医护人员将精神病人与原来的家庭完全隔离，因为只有“让他离开旧时光里自己习惯的一切，让他远离自己居住的地方，让他与家庭分开，让他周围都是陌生人，才能改变他全部的生活方式”，此时才是人们治疗他们最好的时机。而严格的“治疗”还在继续或重新浮出水面，包括放血、腹泻、冷水浴和淋浴等。

19 世纪，精神病人的数量迅速增加。到 1890 年，精神病院再次陷入恶劣的状况。病人们挤在一起，医院又开始用紧身衣、关禁闭、使用镇静药物（如溴化物）等方法来控制那些破坏性强或好斗的患者，大多数住进精神病院的人在那里一直待到自己死去。改革者开始反对设置精神病院，精神病院的条件又开始直线下降。在 20 世纪的下半年，很多精神病院都关闭了，人们将照顾病人的责任又放回了社区。

勇敢的新疗法

19 世纪和 20 世纪，精神病院里继续充斥着各种疗法。20 世纪上半叶，人们对科学的乐观信念导致了一系列针对精神疾病的激进治疗。人们对患者进行侵入性治疗，并经常对其进行实验性的疗法，包括使用大剂量的胰岛素、电击治疗（后来被称为电休克疗法、ECT）、前额叶前脑叶白质切除术、将患者体温提高至 41℃或让患者服用药物后一次性睡上好几天甚至几周的时间。

1938 年，意大利神经精神病学家乌戈 • 切莱蒂（Ugo Cerletti，1877 年—1963 年）和卢西奥 • 比尼（Lucio Bini，1908 年—1964 年）提出了电休克疗法（ECT）。这种疗法包括让电流通过大脑，引起抽搐。在进行 10~20 次治疗后，患者的症状有了一定程度的缓解，人们通常每周对其给予 2~3 次治疗。此前，

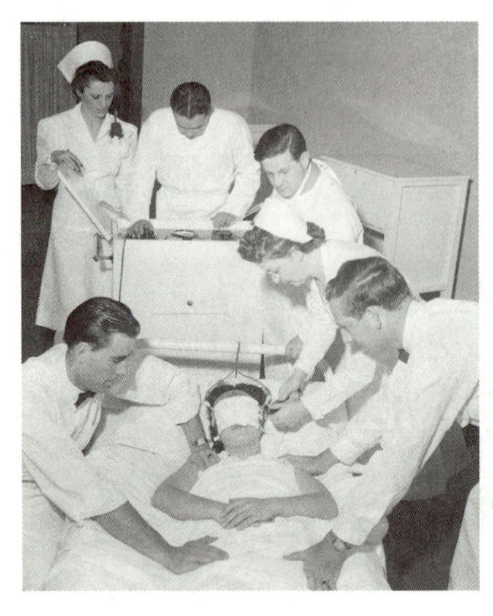

人们曾对患者使用过诱发惊厥的药物。16世纪，人们首次报道了这种治疗方法，当时发现，抽搐可减轻严重抑郁症和精神分裂症患者的症状。刚开始实施ECT疗法时，患者会在接受电击后乱蹦乱跳，这可能导致他们胳膊和腿受伤，但人们给予他们肌松剂和麻醉剂后，这种情况就不再发生了。20世纪50年代，人们针对抑郁症和精神分裂症研究出了更好的药物治疗方法，再加上1962年的小说和1975年的电影《飞越疯人院》（*One Flew Over the Cuckoo's Nest*）中曝出ECT疗法的负面作用，加速了它的消亡。但只要病人知情同意，人们仍然可以使用ECT疗法，并且它被认为是有价值的、最后的治疗手段。

如果说ECT疗法是一种极端的治疗手段，但它还不像前额前脑叶白质切除术那么恶劣，这种实验性的治疗方法会在许多不知情并且有可能未经许可的患者身上使用。这种疗法破坏了患者大脑与前额叶皮层的许多神经联接。人们首次使用该技术时发现，术后的黑猩猩会变得温顺。在该研究结果报告出来3个月之后，葡萄牙神经学家安东尼奥•埃加斯•莫尼斯（António Egas Moniz，1874年—1955年）开始对人体进行实验。他因为这个备受争议的手术而获得了1949年的诺贝尔奖，但这一方法并不完全令人信服。

全靠谈话

与20世纪出现的激进的物理治疗恰恰相反的是，西格蒙德•弗洛伊德首先提出了“谈话疗法”。

在他的精神分析方法中，诊断和治疗的进程是一致的。病人和精神分析师详谈不但可以揭示问题，同时还能让病人将自己的过去展现出来并检查这些个人经验，减少其负面影响并开始疗愈。

弗洛伊德的贡献

弗洛伊德把“谈话疗法”发展成了全面的精神分析方法，他提倡这种方法，并通常让病人自由联想。他的方法已成为人们治疗精神疾病方案的一部分，直到今天，也仍然被人作为一种分析技术来使用。

1885 年—1886 年，弗洛伊德曾在巴黎向伟大的催眠师让－马丁•沙尔科学习。沙尔科认为癔症的触发至少部分是由于心理原因引起的。弗洛伊德从巴黎回来后，开始在维也纳的私人诊所使用催眠术专攻歇斯底里症。但他遇到了问题，一些患者不能被催眠，其他人则拒绝相信自己在催眠状态下“恢复的记忆”，所以他的工作没有任何进展。他最终尝试了另一种方法。他让病人躺在沙发上，闭上眼睛，讲述自己的症状。他发现，简单的交谈通常足以让他们克服任何阻力。他发展了一种被称为“自由联想”的方法，并且他很偶然地成为精神分析学经久不衰的偶像。

现在你看到了，但它是什么

胼胝体切割术涉及对连接大脑的两个半球胼胝体进行切割，造成所谓的“裂脑”患者。它有时被用于治疗重度癫痫。罗杰•斯佩里在裂脑患者的实验中发现，这些病人不能命名左眼看到的物体。这是因为左眼的信息会出现在大脑的右侧，但是对于大多数人来说，大脑的左侧是控制语音的。大脑的两部分之间由于胼胝体被隔断而无法联系，左脑不知道右脑看到了什么，所以病人不能说出物体的名字。

安娜的病例

精神分析疗法来源于人们对“安娜”［Anna O.，其真名叫贝莎•帕朋罕（Bertha Pappenheim）］的治疗。20岁的安娜在照顾长期患病的父亲走完生命的最后一段时光后，表现出了一系列的身体症状，这些症状包括部分肢体瘫痪、进食障碍、言语障碍、迷失方向和记忆力衰退。她被诊断患有歇斯底里症，约瑟夫•布洛伊尔最初使用催眠术为其治疗。

每次，当布洛伊尔让她回忆自己第一次出现的某种症状时，这种症状就消失了，至少是暂时消失了。布洛伊尔的结论是，患者的有些想法或记忆太痛苦，他们无法进行有意识的检查，因此就表现在身体症状上。当与患者谈话导致痛苦的压抑能量被驱散时，他们就不再需要相关的症状，该症状就消失了。

在18个月里，布洛伊尔与安娜大约见面了1000个小时。虽然他认为她已经痊愈，但她仍要在精神病院待上相当长的时间，并因为持续的疼痛而服用大量吗啡。多年后，作为一个成功的社会工作者，安娜强烈反对将自己治疗过程中使用的任何建议称为精神分析。

后来的研究人员得出结论，安娜的问题实际上是神经上的问题，所以使用精神分析的方法永远无法治愈她。人们因安娜的病例首创了“谈话疗法”这一术语。

THE STORY OF PSYCHOLOGY

结论

心智的结局

心理学的故事仍在进行中，我们离故事的开始不远，也不知道故事会如何结束。

心智问题首先由笛卡尔进行全面的阐述，它仍然是心理学的核心问题，但它不仅仍未解决，而且由于人们进行的研究而使其更加复杂了。现在，我们要讨论的不仅是心智－大脑－身体的问题，甚至还有思想－心智－大脑－身体的问题。就像一本书的内容并不完全代表这本书本身，心智及其内容和功能也开始被人们分开研究。认知科学家专注于大脑的算法或计算模型，而神经病学家则关注大脑的机制和化学过程，这种研究模式有助于人们将心智的功能同心智本身区分开。

在弗洛伊德之后，我们关于“心智”的概念必须考虑到无意识以及有意识的精神活动。当我们开始用电子设备来观察大脑时，我们会发现惊人的结果。比如，在我们意识到某件事物之前，大脑便已经做出了一个“决定”。这使人们开始质疑意识是否有作用，自由意志是否存在？

自由意志是幻觉吗

2011 年，在加利福尼亚和特拉维夫工作的伊扎克·弗里德（Itzhak Fried）报告，通过监测植入大脑中的电极，他可以看到被试认为自己已经决定按下按钮前一秒半的情况：当时，他们其实已经做出了这个决定。从电极传递出的信息来看，电极放电能够预测被试将要做出怎样的决定，预测准确率高达 80%。显然，人们是在无意识的大脑中做出的“决定”，而在有意识的大脑中则表现为意志自由的行为，但其实，这一自由意志早已被决定。

进入未来

今天，人们对精神病的治疗取决于药物治疗和谈话疗法的结合，偶尔还包括某些精神外科手术，但并非所有的病人都能得到帮助。我们还不太清楚如何定义变态心理学，以及我们是否能区分它。

在精神病院疯掉

1973 年，美国心理学家大卫·罗森汉（David Rosenhan，1929 年—2012 年）进行了一项实验，但却获得了可怕的结果。他将 8 名健康人（其中包括他自己）送到美国的一家精神病院，他们假装患有幻听，所有人均被精神病院接纳为病人。入院后，他们行为正常，并说自己不再有幻觉。他们住院的平均时间是 19 天，所有人都不得不承认自己患有精神障碍，并同意服用抗精神病药物，才被允许离开这里。除了一人外，所有人都被诊断处于“精神分裂症缓解期”。向精神病学界提出强烈抗议后，罗森汉接受了一家医院的挑战，将数名假患者送到这家医院里待一年，而医院保证能够识别出这些冒名顶替者。在接下来的一年中，该医院从 193 名新病人里确定有 41 名潜在的罗森汉实验的假患者。而事实上，罗森汉没有送任何假患者进入该医院。他总结说：“很明显，在精神病医院，我们无法分辨神智正常者和疯子。”

统一和多元

心理学的每个学派都试图以某种特定的方式来了解我们为什么是现在的样子、我们为什么这样行事，但这些流派大体上是不相容的。心理学已经分裂成无数不同的方法和研究，它们之间有时冲突，有时共存。

一些包括佛蒙特大学的格雷格·亨里克斯（Gregg Henriques）在内的心理学家们都在寻求心理学的“统一理论”，他们希望能综合解释人的心理。原子、广义相对论和量子力学的标准模型为物理学提供了当前运行的一个框架。生物学中有进化学和遗传学，两者共同解释有机体的运作和发展方式。心理学还没有一个所有从业者都同意的参照系，它可以使心理学的发展和相关想法在这个统一框架下进行评估和测试。一些心理学家认为，这样一种统一的理论不可能存在。行为主义和心智主义的分裂意味着，我们在“心智是否存在”这个基本问题上都没有达成一致，更别说采用什么有效途径来对心智进行研究和测量了。

也许，随着时间的推移，我们有越来越多的发现能够将心智状态和行为与神经科学和大脑生化过程联系起来。这些可能会为我们理解和治疗变态心理提供新的途径，但却不太可能完全解释我们坠入爱河、聆听音乐或从事创造活动时的感觉如何。我们也许永远无法解释，为什么某个特定的个体会喜欢一种政治理论而不是另一种、相信上帝或不喜欢体育运动。诺姆·乔姆斯基认为，有些问题超出了人脑的理解能力。我们自己大脑的本质可能属于这个范畴。

我的预感是，自由意志之谜的答案存在于潜在的科学领域。人类因自身遗传结构的限制，可能永远也无法了解心智。原则上，我们几乎可以肯定的是，我们的基因所决定的大脑结构会阻止我们永远也无法了解真正的科学理论。

诺姆·乔姆斯基（1983 年）

北京阅想时代文化发展有限责任公司为中国人民大学出版社有限公司下属的商业新知事业部，致力于经管类优秀出版物的策划及出版，主要涉及经济管理、金融、投资理财、心理学、成功励志、生活等出版领域，下设“阅想·商业”“阅想·财富”“阅想·新知”“阅想·心理”“阅想·生活”以及“阅想·人文”等多条产品线，致力于为国内商业人士提供涵盖先进、前沿的管理理念和思想的专业类图书和趋势类图书，同时也为满足商业人士的内心诉求，打造一系列提倡心理和生活健康的心理学图书和生活管理类图书。

阅想·心理

《改变心理学的 40 项研究》

- 心理学史上影响无数人的、最重要的 40 项研究。
- 20 年来畅销不衰的心理学入门经典图书全新升级和修订。
- 亚马逊心理学类畅销书 Top 100，亚马逊心理健康类畅销书。

《重新定义心理学：关于心理学的另类思考》

- 英国心理学会临床心理学分会主席富有开创性和争议性的心理学新作。
- 打破传统心理学观念，从革命性新视角解释人类行为，重新定义心理健康模式。

《这才是心理学：看穿伪心理学的本质》

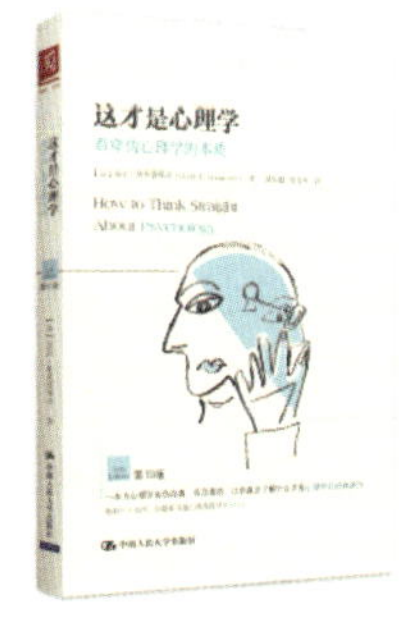

- 一本为心理学去伪存真、有态度的、让你真正了解什么才是心理学的经典著作。
- 畅销三十余年、长踞亚马逊心理类图书前 100 名位置。

《戒瘾：战胜致命性成瘾》

- 美国著名成瘾治疗医学专家为成瘾者开出的独具开创性的戒瘾良方。
- 一本各类成瘾者不容错过的、脱离欲望苦海的戒瘾书。

《为什么我们会上瘾：操纵人类大脑成瘾的元凶》

- 一本关于诱惑、异乎寻常的快乐，以及头脑中那个虚幻又真实的世界的书。
- 所谓成瘾，不关乎道德，而是大脑在作祟。
- 世界知名神经科学家、艾迪终身成就奖获得者用科学为你解开成瘾之谜。

《极简个性心理学：破解人格基因》

- 诺贝尔生理学或医学奖获得者埃里克·坎德尔、美国精神病学会主席约翰·奥德汉姆、哈佛大学神经生物学教授史蒂文·海曼联袂推荐。
- 深入浅出的识人科学体系，发现人内心深处最真实的一面，在人群中找到更适合自己的存在方式与相处方式。

《人格心理学：人格与自我成长》

- 一部自 1974 年问世以来不断更新再版、畅销 40 余年的心理学经典著作。
- 完整梳理现代人格理论的发展脉络，讲述心理学各大流派对人格理论的构建及贡献。
- 以跨文化的全球性知识体系帮助你深入了解人类的本性，以便你可以用来更好地了解自己、了解他人。

The Story of Psychology by Anne Rooney

ISBN:978-1-7840-4688-0

图书在版编目（CIP）数据

极简心理学史 /（英）安妮·鲁尼（Anne Rooney）著；谢丽丽，徐慧芳，谢毓焕译 . -- 北京：中国人民大学出版社，2018. 1

书名原文：The Story of Psychology

ISBN 978-7-300-25046-5

Ⅰ . ①极… Ⅱ . ①安… ②谢… ③徐… ④谢… Ⅲ . ①心理学 Ⅳ . ① B84

中国版本图书馆 CIP 数据核字（2017）第 240310 号

极简心理学史

【英】安妮·鲁尼　著

谢丽丽　徐慧芳　谢毓焕　译

Jijian Xinlixue Shi

出版发行	中国人民大学出版社		
社　址	北京中关村大街 31 号	**邮政编码**	100080
电　话	010-62511242（总编室）		010-62511770（质管部）
	010-82501766（邮购部）		010-62514148（门市部）
	010-62515195（发行公司）		010-62515275（盗版举报）
网　址	http://www.crup.com.cn		
	http://www.ttrnet.com（人大教研网）		
经　销	新华书店		
印　刷	北京瑞禾彩色印刷有限公司		
规　格	170mm × 230mm　16 开本	**版　次**	2018 年 1 月第 1 版
印　张	13.5　插页 1	**印　次**	2023 年 3 月第 4 次印刷
字　数	204 000	**定　价**	122.00元